DISCOURS

QUI A REMPORTÉ LE PRIX DE

L'ACADÉMIE ROYALE DES INSCRIPTIONS ET BELLES-LETTRES, DE PARIS

SUR LA QUESTION PROPOSÉE EN 1782:

Comparer ensemble la Ligue des Achéens 280 ans avant J. C., celle des Suisses en 1307 de l'Ere Chrétienne, & la Ligue des Provinces-Unies en 1579; Développer les causes, l'origine, la nature & l'objet de ces Associations Politiques.

PAR J. DE MEERMAN,
SEIGNEUR DE DALEM.

Vis unita fortior.

À LA HAYE,
CHEZ NICOLAS VAN DAALEN,
M. D. CC. LXXXIV.

QUESTION PROPOSÉE:

Comparer ensemble la Ligue des Achéens 280 ans avant J. C., celle des Suisses en 1307 de l'Ere Chrétienne, & la Ligue des Provinces-Unies en 1579; développer les causes, l'origine, la nature & l'objet de ces associations politiques.

POUR peu qu'on observe l'Histoire d'un œil attentif, on voit de temps en temps les mêmes événemens se renouveller. Tantôt une nation inconnue jusqu'alors s'éleve par la sagesse d'un législateur, par l'ambition d'un conquérant, ou par l'oppression d'un despote dont elle secoue le joug: tantôt une suite de Princes faibles, des voisins puissans, le luxe qui s'empare de tous les ordres des citoyens, un vil esprit de parti, des fautes insignes de politique, en abaissent une autre, & lui ôtent souvent jusqu'à son existence morale. La guerre & la paix, des traités conclus & des traités violés se succédent sans cesse. Un gouvernement monarchique fait place à un état républicain, & celui-ci retombe, après plus ou moins de siecles, dans le pouvoir d'un seul; & quelque soit la forme d'administration, le plus fort, le plus habile, ou le plus insinuant, fait toujours se rendre maître du timon & se faire obéir de ses compatriotes, jusqu'à ce que celui qui posséde ces qualités dans un dégré supérieur encore, lui enleve une autorité qui n'est jamais que précaire.

Il est vrai que la différence des temps, du climat, du local, des mœurs, du culte religieux, du progrès des lumieres, enfin de mille circonstances, donne des modifications extrêmement variées à tous ces événemens: mais les hommes qui les amenent se ressemblant par les traits principaux, & ne différant que par des nuances arbitraires, il suffit d'écarter l'accidentel & de rapprocher ce qui forme l'essence des choses, pour s'appercevoir que ce sont les mêmes ressorts qu'on a fait jouer dans tous les temps, & que par conséquent les effets qu'ils ont produits n'ont pu être foncierement que les mêmes.

Parmi

Parmi ces révolutions des peuples que l'Hiſtoire nous a tracées plus d'une fois, il n'en eſt guères de plus dignes d'admiration que celles qui ont eu pour objet de défendre les droits les plus ſacrés de l'humanité, de s'oppoſer aux injuſtices & aux cruautés des tyrans, & de faire jouir l'homme d'autant de liberté que la ſociété civile en peut admettre, ſans dégénérer en anarchie & en état naturel & primitif.

Trois Ligues illuſtres ſe ſont formées avec un deſſein auſſi noble : celle des Achéens, celle des Suiſſes, & la Ligue Belgique. Les comparer enſemble eſt un ſujet qui exige, je l'avoue, des talens ſupérieurs aux miens : l'intérêt dont il eſt rempli m'a cependant engagé à éprouver mes forces ; & quand même je ne ſerois pas aſſez heureux pour remporter les ſuffrages de l'Académie, je ne regretterai point d'y avoir aſpiré ; j'aurai du moins l'agréable conſolation de m'être mis par là dans la néceſſité d'étendre mes connoiſſances.

Je ſuivrai l'ordre preſcrit, & je tâcherai ſucceſſivement de développer les cauſes, l'origine, la nature & l'objet de ces trois aſſociations politiques.

I°. A. CAUSES *de la Ligue Achéenne.*

Depuis plus de huit ſiecles (*a*) les Achéens avoient occupé la petite contrée qui s'étend le long du golfe de Corinthe au nord du Péloponeſe. Chaſſés eux-mêmes de Sparte, ils chaſſerent à leur tour les Iöniens de ce pays qui s'appelloit anciennement l'Ægialée, enſuite l'Iönie, & auquel ils donnerent depuis le nom d'Achaïe. Tiſamene fils d'Oreſte avoit conduit cette expédition qui, quelque heureux qu'en fût le ſuccès, ne laiſſa pas de lui coûter la vie. Le gouvernement du pays nouvellement conquis fut partagé entre les quatre fils de Tiſamene & trois autres Princes. Une ſuite de Rois ſe ſuccéderent, dont quelques-uns régnerent ſans doute enſemble à l'exemple des premiers chefs ; mais le fils de Gygès, un de ces monarques, ayant voulu exercer un pouvoir deſpotique, le peuple Achéen le fit deſcendre du trône, & changea la conſtitution en une Démocratie qui ſe ſoutint juſqu'au temps d'Alexandre.

Les Iöniens, tandis qu'ils poſſédoient l'Ægialée, l'avoient diviſée en douze parties dans chacune deſquelles ils avoient bâti une ville : en voici les noms (*b*) : *Patræ*,

(*a*) Ce récit eſt tiré de POLYBE II. *Ch.* 37. *ſeq.* PAUSANIAS VIII. *Ch.* 6. *ſeq.* STRABON VIII. *p.* 587, *ex edit.* CASAUBONI *cum notis varior.* PLUTARQUE *vie d'Aratus.* UBBONIS EMMII *Græcia vetus in Theſ. antiq. gr.* GRONOVII ; & de *l'Hiſtoire Univ.* traduite de l'Anglais en Allemand, corrigée & enrichie de Notes par M. HEYNE, Tom. II.

(*b*) Tels du moins ils furent appellés dans la ſuite. Voyez BAYERI *Faſti Achaici illuſtrati, in Tom. V. Comment. Acad. Petrop. p.* 382, *& ſeq.*

Patræ, *Dymes*, *Tritæa*, *Leontium*, *Ægira*, *Pellene*, *Ægium*, *Bura*, *Ceraunia*, *Olenus* & *Helice*. Ne formant qu'un seul peuple, les habitans de ces villes & des terres qui les entouroient, s'assembloient annuellement dans un bois consacré à Jupiter, & nommé *Arnarium* ou *Ænarium*, dans le voisinage d'*Ægium*, pour delibérer sur les affaires publiques (*a*). Les Achéens en remplaçant cette nation avoient rebâti les douze villes, qui par l'attachement des Ioniens à la vie champêtre étoient dégénérées en villages (*b*). Délivrés depuis de la servitude de leurs Rois, ils imiterent également l'exemple de leurs prédécesseurs, & le bois d'*Ægium* fut de nouveau l'endroit où l'on traita du salut de la patrie. Dans ce temps il n'entroit encore rien dans leur constitution de la forme fédérative dont nous parlerons bientôt. Ils resterent sous la forme d'un seul peuple, qui avoit été opprimé, mais qu'on n'avoit pu diviser jusqu'alors. Des Députés envoyés par toutes les villes au Conseil Achaïque, comme on le nommoit déja (*c*), donnerent aussi des loix à toutes. Bientôt cette nouvelle République se fit respecter au dehors par la simplicité de sa constitution & la sagesse de sa politique. Au milieu de toutes les secousses que la Grece éprouva, elle sut maintenir son indépendance, & elle ne se départit que très rarement du systême de neutralité qu'elle avoit adopté. Aussi, si la remarque d'un auteur moderne (*d*) est juste, qu'un peuple dont l'histoire se lit agréablement est toujours malheureux, les Achéens dont l'état calme & tranquille ne fournit presque aucun fait remarquable aux mêmes Historiens qui ont écrit les révolutions des peuples limitrophes, doivent avoir joui pendant une longue suite d'années d'un bonheur aussi rare que digne d'envie.

Mais sous les Successeurs d'Alexandre tout changea de face; déja du vivant de ce Prince, Antipater Gouverneur de la Macédoine étoit entré dans le Péloponese, & avoit battu les Grecs, alliés ensemble pour s'opposer à la puissance toujours croissante de l'empire de ce conquérant. Cassandre fils d'Antipater, qui s'empara ensuite du trône de la Macédoine, Demetrius Poliorcete fils d'un Gouverneur de la Lycie, de la Pamphilie & de la grande Phrygie, qui sut se former un parti en Grece, & enfin Antigone Gonatus fils de ce Demetrius, nouveau Monarque Macédonien, attenterent les premiers à la liberté des Achéens.

Ils commencerent par les désunir, en leur inspirant une jalousie & une méfiance mutuelle; ils mirent en œuvre toutes sortes d'intrigues & de caresses, qui les seduisirent tellement, que ces peuples ne pensant plus qu'à leur propre aggrandissement, oublierent cette union salutaire qui jadis les avoit rendus si redoutables. Une fois désunis rien ne fut plus facile que de s'en rendre maître; aussi quelques-unes de leurs villes reçurent-elles garnison étrangere.

Antigone

(*a*) STRABON 590 & 591, comparé avec la Note de CASAUBON, & UBBO EMMIUS. l. c. 572.

(*b*) C'est ainsi du moins que STRABON *pag.* 592. semble devoir être mis d'accord avec les autres Auteurs.

(*c*) PAUSANIAS *Ch. VII.*

(*d*) M. ISELIN de Basle.

Antigone employa encore un autre moyen de détruire en Grece un reste de liberté funeste à ses projets ambitieux. Dans les villes qu'il ne put, ou ne voulut pas lui-même réduire sous son obéïssance, il tâcha de susciter des tyrans qui dépendoient de lui. Plusieurs parmi celles de l'Achaïe en avoient subi le joug, & des onze villes de cet Etat, (car depuis près d'un siecle *Helice*, bouleversée par un tremblement de terre & détruite entierement par les flots de la mer, n'existoit plus) il n'y eut que la seule *Pellene* qui garda son indépendance. Le Conseil Achaïque qu'on affecta toujours de conserver n'étoit plus qu'une vaine représentation (*a*). Les tyrans, ou les Gouverneurs Macédoniens qui n'en différoient guères, exerçoient dans les villes opprimées de la Grece un despotisme intolérable; se confiant à une garde qui les entouroit, ils commirent tous les excès que l'avarice la plus sordide, la débauche la plus effrenée, & la cruauté la plus odieuse leur purent suggérer. (Polybe & Plutarque nous en ont laissé plusieurs détails (*b*): mais comme il n'y est pas question d'une des villes Achaïques en particulier, nous les supprimerons: tout étant compris dans les paroles suivantes du premier de ces Historiens (*c*). *Le nom-même de Tyran porte avec soi l'idée de la plus grande scéleratesse, & renferme toutes les injustices & tous les crimes qui peuvent se commettre par des hommes.*

Les exceptions à cette regle générale n'étoient pas fréquentes. Il y en eut pourtant quelques-uns qui gouvernerent en bons Princes, & chez lesquels il n'y eut rien d'injuste que l'acte même de régner qu'ils s'étoient arrogé sans le moindre droit, & dans lequel ils se maintenoient par la force. Lysiadas qui gouvernoit à Megalopolis en fournit un exemple. Au reste ces tyrans n'étoient pas moins à plaindre que les peuples qui gémissoient sous leur sceptre; toujours craintifs, soupçonneux, agités, ils ne croyoient pas un moment leur empire & leur vie en sureté, & les précautions ridicules que prit Aristippe à Argos, selon le récit de Plutarque (*d*), pour n'être pas assassiné en dormant, prouvent assez qu'un Roi qui régne sur une nation libre est seul en état de goûter les douceurs du trône.

Par quel moyen la Grece pourra-t'elle se tirer de cette affreuse situation, & recouvrer sa premiere liberté? Une seule ville pouvoit bien s'élever contre son tyran & le chasser; mais les autres n'y gagnoient rien. Il falloit une volonté décidée de plusieurs, étroitement unies, pour forcer leurs Gouverneurs d'abdiquer, & pour rendre également aux villes voisines leurs droits depuis longtemps usurpés par des maîtres injustes. Mais hors de l'Achaïe il n'y avoit jamais eu, même dans d'autres temps, cette liaison intime qu'un dessein aussi vaste exigeoit nécessairement; combien moins pouvoit-on l'espérer dans des jours d'oppression & de méfiance? Les Achéens seuls, en déposant l'animosité mutuelle qu'on avoit su leur inspirer,

(*a*) Pausanias ibid.
(*b*) *Loc. Cit.*
(*c*) II. *Ch.* 59.
(*d*) *Vie d'Aratus.*

inspirer, en faisant cause commune comme autrefois, pouvoient y réussir, & non seulement rendre à leur République son ancien éclat, mais s'acquérir même le beau titre de libérateurs de la Grece.

Voila ce qui causa cette fameuse Ligue, dont nous tracerons bientôt l'origine, & ce qui engagea dans la suite tant de villes célébres à en faire partie.

I. B. CAUSES *de la Ligue Suisse.*

La mort de *Berthold* V (*a*), dernier Recteur de la petite Bourgogne, venoit de remettre les peuples de la Suisse, en 1218, sous la puissance immédiate de l'Empire, dont ils avoient été détachés depuis le faible régne de l'Empereur *Henri* IV. Le haut Clergé & une quantité de Comtes & de Barons possédoient alors la plûpart des villes & des terres qui composoient ce pays. Quelques villes pourtant s'étoient maintenues dans l'indépendance, & les trois Cantons d'Uri, Schweitz & Underwalden jouissoient depuis longtemps du même avantage. Il est vrai que le clergé & quelques seigneurs particuliers y avoient des rentes & des sujets, mais le gros du peuple y formoit diverses communautés, & se gouvernoit par des magistrats qu'il avoit lui même choisis, & ne reconnoissoit d'autre chef que l'Empereur.

Une constitution aussi parallelle & le voisinage n'avoit pu manquer d'unir ces trois Cantons: aussi dès 1114 les citoyens de Schweitz se fortifierent contre une sentence impériale qui leur parut injuste, par l'alliance d'Uri; & 30 ans après ceux d'Underwalden s'y joignirent. Les trois Cantons se lierent par des alliances perpétuelles qu'ils renouvellerent depuis tous les dix ans.

La crainte d'une Noblesse guerriere qui les entouroit fit aussi conclure en 1251 à Uri & à Schweitz un traité de défence mutuelle avec la ville de Zurich pour trois ans. Douze personnes, dont six de cette derniere ville, choisies par les deux Cantons, & trois de chacun de ceux-ci, choisis par le Sénat & les Bourgeois de Zurich devoient veiller sur l'exécution de ce traité. Les Cantons s'y donnent le titre de *Amman & Peuple* d'Uri, & de *Amman & Peuple* de Schweitz (*b*).

Je passe sous silence les événemens peu mémorables de ces trois Communautés pendant le cours du treizieme siecle, jusqu'au temps où *Albert* I. monta sur le trône impérial.

(*a*) Voyez surtout JOS. SIMLERI *de Rep. Helvet.* FRANC. GUILLIMANNI *Helvetia, sive de reb. Helvet.* qui se trouvent in *Thes. Hist. Helv.* A. L. DE WATTEVILLE *Hist. de la Confédération Helvétique, Tome I.*

(*b*) SIMLER *pag.* 3.

impérial. Il suffit d'observer qu'elles resterent fideles au Chef du Corps Germanique; que les Empereurs y envoyerent de temps en temps des Gouverneurs, dont l'unique fonction étoit de connoître des crimes capitaux, & de léver les subsides dûs à l'Empire: tandis que l'Amman ou Chef-Magistrat & quelques assesseurs, qui étoient relevés par d'autres à des époques fixes, administraient toutes les autres affaires.

Non seulement ces Gouverneurs impériaux, mais aussi les Empereurs eux-mêmes confirmerent les Privileges de ces peuples. *Henri* III, *Frederic* II, *Rudolphe* de Habsbourg & *Adolphe* de Nassau le firent chacun à leur tour. Dans le Privilege que *Frederic* donna en 1240 au Canton d'Uri, il les reconnoit expressement *hommes libres, ne relevant que de lui & de l'Empire*, & il déclare *qu'il ne permettra jamais qu'ils tombent en d'autres mains* (*a*).

Albert n'imita pas l'exemple de ses prédécesseurs, l'esprit de vengeance & une ambition demesurée concoururent à l'en faire différer. Les Princes de l'Empire avoient choisi, après la mort de *Rudolphe*, le Comte de Nassau pour le remplacer. *Albert* fils de *Rudolphe* montra néanmoins des pretentions au trône: mais les trois Cantons, ainsi que presque toutes les villes libres, ne le reconnurent pas & préférent d'obeir à un Prince légitimement élu & éloigné qu'à un voisin redoutable & usurpateur. *Adolphe* Comte de Nassau ayant été défait & tué en 1289, tout le pouvoir resta dans les mains d'*Albert*, & il fut généralement reconnu. C'est alors qu'il résolut de faire sentir aux Suisses qu'on ne lui avoit pas impunément été rebelle. En oûtre, du vivant de son pere, il avoit déja nourri des idées d'aggrandissement qu'il abandonna moins que jamais lors de son élévation à l'Empire.

Depuis quelque temps la Maison de Habsbourg étoit devenue la plus puissante en Suisse; elle possédoit plusieurs Comtés, villes & territoires du premier rang qui touchoient aux trois Cantons: *Rudolphe* les augmenta encore, en persuadant à quelques Abbés & Nobles de lui vendre leurs domaines, & en achetant enfin de l'Abbaye de Murbach la ville de Lucerne & ses droits dans plusieurs villages du pays de Schweitz. Quelque ait été le but de ces acquisitions, *Rudolphe* n'en abusa point, & les Communautés Suisses en furent quittes encore pour la peur du danger qui menaçoit tôt ou tard leurs Etats.

Vainqueur d'*Adolphe*, maître de l'Autriche, de la Suabe & d'une grande partie de l'Helvétie, Chef de l'Empire Romain, *Albert* ne mit plus de bornes à son autorité. Il avoit formé le plan de joindre les trois Cantons aux pays qui lui appartenoient déja en Suisse, & de former du tout un Duché particulier & héréditaire, dont l'un ou l'autre de sa nombreuse postérité jouiroit, quand-même la couronne impériale passeroit sur une tête étrangere.

Il

(*a*) GUILLIMANNI *p.* 89.

Il commença par négocier avec le Clergé & les Barons, dont la plus grande partie se rendit à ses instances & consentit à se soumettre à la puissance Autrichienne; il continua d'acquérir toutes les terres qui entouroient les Cantons, & plusieurs droits dans leur territoire-même; il refusa sous divers prétextes la confirmation de leurs privilèges, & leur envoya enfin les Barons de *Liechtenberg* & d'*Ochsenstein* pour leur communiquer ses desseins, & les porter à s'y soumettre.

Ces habiles Ministres developpent tous leurs talens pour faire goûter à ces peuples les vues de leur maître: raisonnemens, promesses, menaces, tout ce qui auroit fait chanceller des hommes moins constans est mis en œuvre; mais rien ne les ébranle. Ils répondent aux Ambassadeurs qu'ils sont prêts à donner toutes les preuves équitables de leur obéissance à l'Empereur, mais que des privileges justement obtenus & confirmés par une suite de Souverains, leur accordent de n'être jamais séparés de l'Empire, & ils finissent par prier *Albert* de les confirmer à son tour.

Avant de faire éclater le ressentiment que cette réponse lui inspira, l'Empereur voulut éprouver encore si l'intrigue réussiroit mieux que les négociations ouvertes; mais elle fut également infructueuse. Les Cantons envoyent un de leurs Ammans à la Cour de ce Monarque, pour lui demander de nouveau la confirmation de leurs privileges, avec un Gouverneur impérial. L'un & l'autre leur est durement refusé; on leur indique le Baillif de Lucerne ou celui de Rottenbourg pour les affaires qui devoient être traitées avec un Gouverneur. Mais ces Baillifs exerçoient le droit du glaive au nom de l'Autriche & non à celui de l'Empire: les Cantons s'en plaignent; on leur promet des Gouverneurs de la part de l'Empire, avec ordre d'obéir à ces seigneurs sous peine de perdre leur liberté. Enfin en 1301 *Gessler* & *Landenberg* arrivent, munis d'instructions pour forcer les trois peuples, par les voies de la dureté à la révolte, & par la révolte à l'esclavage.

Le premier de ces deux seigneurs, auquel Schweitz & Uri étoient soumis, occupe un chateau au dessus de Kussnach; le second, qui devoit gouverner sur Underwalden, s'établit dans un lieu également fortifié près de *Sarne*, & tous deux font entrer une garnison suffisante dans ces places. Peu après l'Empereur établit le Baron de *Wolfenschiessen*, comme Lieutenant de *Landenberg*, dans un troisieme château nommé Rotzberg qu'il avoit acquis dans le Canton d'Underwalden.

La douceur avec laquelle ils commencerent leur Gouvernement ne fut qu'insidieuse; s'appercevant bientôt qu'ils ne gagneroient rien de cette maniere, ils déployerent leur vrai caractere, & montrerent à l'Empereur qu'il ne s'étoit pas mépris en les choisissant. Dès lors toute espece d'injustice fut exercée par ces tyrans, & leur devint de jour en jour plus familiere. Le moindre pretexte leur fait jetter les citoyens dans les fers, ils en détiennent quelques uns en prison hors de leur patrie, à Lucerne ou à Zug; ils levent les impôts de la maniere la plus sévere, ils en inventent de nouveaux; ils rejettent toutes les plaintes qu'on leur porte;

porte; ils attaquent les libertés & les droits de ces peuples, ils ne ménagent pas plus ceux de la noblesse qui résidoit parmi eux.

Landenberg envoye un de ses satellites vers un citoyen d'Underwalden, respectable par son âge, ses biens & ses vertus, avec ordre de lui enlever des bœufs dont la beauté lui faisoit envie. *Henri* du *Melchtall* (c'étoit le nom du vieillard) fait des représentations: on lui répond qu'il n'a qu'à atteler ses valets à la charue. *Arnold* fils de *Henri* veut faire resistance, il blesse le satellite du Gouverneur & s'enfuit; le pere est arrêté, & *Landenberg*, pour venger cette prétendue rébellion à ses ordres, lui fait créver les yeux & s'empare de tous ses biens.

Wolfenschiessen son Lieutenant, homme livré à la débauche, veut faire violence à la belle & chaste épouse de *Conrad Baumgartner* riche paysan de ces contrées: elle s'échappe & rencontre son mari qui d'un coup de hache jette l'autrichien sur le carreau.

Gessler ne se fit pas moins haïr dans les Cantons de Schweitz & d'Uri. Passant près de la maison de *Werner Stauffacher* il lui demande à qui elle appartient? *Werner* fils d'un Magistrat de l'endroit lui répond qu'il l'a obtenue de la bonté de l'Empereur; *il n'y a que moi*, dit alors le despotique Gouverneur, *qui suis le maître de cette contrée & de tout ce qu'elle contient. Je ne veux plus souffrir qu'on se croye ici possesseur d'une maison, d'un champ, ou de quoi que ce soit, comme si vous étiez libres, & comme si le gouvernement étoit entre vos mains.*

Sur une hauteur, près d'Altorff, le même fit construire un château qui dominoit ce bourg, & qu'il n'eut pas honte de nommer le *Joug d'Uri*. Enfin pour mettre le comble à son insolence, il fit placer un de ses chapeaux au bout d'une perche plantée dans le marché d'Altorff, & il exigea qu'on lui rendît les mêmes honneurs qu'à sa personne. Tel fut l'état des trois Cantons jusqu'au milieu de l'année 1306.

Il n'y avoit alors plus que trois partis à prendre pour les Suisses: ou de souffrir patiemment l'oppression dont on les accabloit, jusqu'à ce que le temps ramenât des jours plus sereins, ou de se rendre aux volontés d'*Albert*, en se reconnoissant sujets de l'Autriche, ou enfin d'opposer la force à la force, & de défendre l'épée à la main leurs privileges & leurs droits.

Le premier de ces partis étoit indigne d'hommes libres. *Albert* dont la mort ne sembloit pas prochaine étoit immuable dans sa résolution: il avoit rejetté toutes les plaintes générales & particulieres qu'on lui avoit adressées depuis que les Gouverneurs abusoient de leur pouvoir; il avoit toujours répondu qu'on éprouveroit le plus doux traitement si l'on vouloit se soumettre à ses loix. Son successeur pouvoit marcher sur ses traces, & quand même on eût pu prévoir que cette tyrannie ne dureroit qu'un temps, il n'étoit pas possible d'en attendre le terme; & sans violer les obligations sacrées qu'on se doit à soi-même, à une épouse, à des enfans, à Dieu le dispensateur de toutes choses, on ne pouvoit plus exposer sa vie, ses biens, ses concitoyens, & ce qu'on avoit de plus cher au monde à un danger aussi éminent.

Céder aux vues d'*Albert* en se rendant à l'Autriche étoit moins affreux: mais quand on a joui plusieurs siecles de la liberté, quand on s'est gouverné soi-même selon des loix équitables, quand on n'a jamais craint que ses loix, on ne renonce pas volontiers à un bien qu'il faut avoir connu pour savoir l'apprécier. Le Sceptre de l'Empire ne se faisoit presque pas sentir; les Princes Germaniques au contraire exerçoient un pouvoir beaucoup plus illimité dans leurs Etats, & plus ils réunissoient de principautés & de terres, moins leurs Vassaux osoient résister à leurs ordres. En s'avouant sujets Autrichiens, les trois Cantons auroient reçu chez eux un Gouverneur perpétuel; on leur auroit fait payer des taxes beaucoup plus fortes qu'ils n'en fournissoient à l'Empereur; on les auroit forcé de participer à toutes les expéditions militaires qu'un Prince guerrier pouvoit entreprendre; de Souverains ils seroient devenus esclaves; & combien de maux l'orgueil, le despotisme, l'injustice de quelques Ducs, ou de quelques Gouverneurs ne pouvoient-ils pas leur faire souffrir? D'ailleurs en supposant que leur condition n'empirât pas à ce dégré, quel droit avoit *Albert* d'exiger d'eux une soumission à laquelle ils répugnoient? Quand leur liberté n'auroit été qu'un bien idéal, qu'une chimere, c'étoit un bien qui leur appartenoit de la maniere la plus légale, & vouloir les en priver malgré eux étoit deja une injure qu'il auroit été lâche de souffrir.

Il restoit donc de se défendre; mais dans la situation où ils se trouvoient rien n'étoit plus difficile. Les traités d'union, qu'ils avoient conclu auparavant, avoient eu pour objet de resister à ceux qui oseroient les attaquer: mais l'ennemi s'étoit déja emparé de leur pays & s'y étoit fortifié. Les deux Chefs de ces Cantons, unis ensemble par les mêmes instructions & par les mêmes crimes se gardoient bien de permettre qu'on se liguât ouvertement, & dans ce cas il leur auroit été facile d'éteindre jusqu'aux premieres étincelles de rebellion. Vouloit-on se révolter, il falloit un chef, des Conseils, des attroupemens; mais *Gessler* & *Landenberg*, instruits de tout par leurs émissaires, n'auroient pas manqué de se saisir d'abord des coupables, & de leur faire essuyer les peines les plus séveres; il paroît aussi par plusieurs traits des Historiens qui tracent les événemens de ce temps, que la crainte & la méfiance s'étoient déja tellement emparés des Suisses, qu'aucun d'eux n'osoit presque plus ouvrir son cœur à un autre de peur de rencontrer un traître.

Sans l'union la plus intime des trois Cantons il n'étoit pourtant pas possible de s'opposer aux injustices dont on se voyoit accablé. La force des Gouverneurs Autrichiens étoit très rédoutable, & pouvoit être journellement augmentée; leurs chateaux étoient inexpugnables: point de secours à attendre pour les Suisses des voisins qui les entouroient. Il falloit donc rétablir & rendre plus étroites les anciennes liaisons; il falloit pour y parvenir tramer les négociations les plus secrettes, & si un homme de quelque considération avoit été offensé personnellement par un des Gouverneurs, c'étoit sans doute l'instrument le plus propre pour les commencer; le desir de venger des injures publiques & des injures particulieres devant donner un nouvel effort à son ame. C'est ainsi que nous verrons bientôt naître la Ligue Helvétique, dont je crois avoir suffisamment développé les causes.

I. c. CAUSES *de la Ligue Belgique.*

L'union d'Utrecht (*a*) n'étant qu'un lien plus resserré entre quelques Provinces déja unies ensemble avec plusieurs autres par la pacification de Gand, il faut commencer par indiquer ce qui fit conclure celle-ci, & la rendit ensuite inutile, pour découvrir ce qui occasionna la premiere.

Charles-Quint avoit réuni sous sa puissance les 17 Provinces Belgiques; ces belles & riches contrées étoient gouvernées depuis plusieurs siecles par des Princes, dont l'autorité étoit bornée par des privileges qu'eux-mêmes avoient accordés aux sujets; & un Corps composé de Nobles, des Députés des villes & quelquefois du Clergé, représentoit partout le peuple, veilloit à la conservation de ses droits, & empechoit le Souverain de franchir les bornes de sa puissance.

Soumises depuis au même maître, les Provinces ne se fondirent pas pour cela en une seule Principauté. Il est vrai qu'un Conseil d'Etat, un Conseil privé & une Chambre de finances établis à Bruxelles, & une Cour de justice résidente à Malines, reçurent la surintendance sur toutes: mais chacune n'en resta pas moins indépendante des autres; & aux Etats Généraux que le Prince convoquoit de temps en temps pour demander des subsides, ou pour délibérer avec ses peuples sur des affaires de conséquence, la pluralité de voix ne décidoit de rien, les Etats de chaque pays n'étant tenus qu'à ce que leur propre consentement leur avoit fait promettre.

La contiguité de limites & des intérêts communs en avoient pourtant rapproché quelques unes plus que les autres, & souvent de telles Provinces avoient ensemble le même Stadhouder ou Lieutenant du Souverain à leur tête. Ainsi la Frise, l'Overyssel & Groningue; la Hollande, la Zélande & l'Evêché d'Utrecht ne furent gouvernés que par deux seigneurs.

Les privilèges dont jouissoient ces différens peuples n'ayant pas été obtenus dans les mêmes temps, ni accordés par les mêmes Princes, devoient nécessairement varier: on peut dire pourtant assez généralement que le Souverain n'avoit

le

(*a*) Les faits que nous allons rapporter se trouvent chez une foule d'Historiens; je me contenterai de citer ici les 6. & 7. Vol. de WAGENAAR *Vaderl. Hist.* & le 3. Vol. du *Tableau des Provinces-Unies* par M. CERISIER.

le droit d'exiger aucun impôt que du consentement des divers Etats; qu'il n'étoit pas le maître de faire entrer des troupes étrangères dans le pays, ni de confier les emplois publics à d'autres qu'à ceux qui étoient nés dans ces contrées; enfin que personne ne pouvoit être appellé en justice que devant son juge compétant.

Avant de prendre en main les rênes du Gouvernement les Souverains jurerent d'observer & de maintenir ces privilèges, & ce n'est qu'alors qu'ils reçurent de leurs sujets le serment de fidélité.

Le fils & le successeur de Charles, *Philippe II.*, depuis Roi d'Espagne & des Indes, de Naples, de Sicile, Duc de Milan, & maître de plusieurs autres Etats, jura en 1555, ainsi que ses prédécesseurs l'avoient fait, qu'il ne violeroit pas les droits sacrés de ses peuples: mais jamais engagement pris d'une manière aussi solemnelle, ne fut plus ouvertement violé. L'amour du despotisme faisoit un trait si décidé de son caractère, qu'il l'aveugloit non seulement sur tous ses devoirs, mais sur tout ce qu'une conduite plus sage & plus modérée auroit eu d'avantageux pour lui. Attaché à la réligion de ses pères, moins par conviction que par superstition, il portoit une haine implacable à la Réforme & à ceux qui la favorisoient, & il n'entrevit pas que puisque la charité & la justice sont de grands dogmes qu'aucune secte chrétienne ne désavoue, il devenoit lui-même aussi bien l'apostat de la sienne que l'ennemi de celle qu'on travailloit à y substituer. Une cruauté froide & refléchie se joignit à son intolérance & le rendit le tyran fameux de l'Histoire moderne.

Dejà *Charles-Quint* avoit fait publier des peines très sévères contre les novateurs en fait de réligion, & avoit même établi en 1522 des inquisiteurs pour connoître de ces crimes prétendus; mais on usoit pourtant quelquefois d'indulgence; le nombre des Réformés n'étoit pas encore aussi grand que sous le Gouvernement de son fils; & *Charles* s'étoit acquis par l'éclat de son règne, par sa politique, du reste sage & profonde, une autorité que l'on réfusoit à son jeune successeur.

Philippe avoit donné dans les dix premières années de son administration des preuves multipliées d'un mépris ouvert pour les libertés civile & réligieuse de ses sujets Belgiques. Enfin en 1565, malgré toutes les représentations qu'on ne cessoit de lui faire, malgré tous les dangers qu'on lui avoit prédit, il ordonna le maintien de l'inquisition & des placards rigoureux, avec la réception des décrets du Concile de Trente, d'une manière qui ne laissa pas le moindre doute sur ses intentions.

L'illustre confédération des Nobles en fut la suite immédiate; neuf ou onze de ces hommes respectables s'engagent par serment de se défendre les uns les autres contre le tribunal de l'inquisition & d'y sacrifier leurs biens & leurs vies. Bientôt leur nombre s'augmente jusqu'à 2000 personnes de tout rang & de l'un & de

 l'autre

l'autre culte. *Marguerite* de Parme, Gouvernante des Pays-Bas, tandis que *Philippe* résidoit en Espagne, reçoit leur requête, & leur promet après bien des subterfuges qu'elle supprimera l'inquisition, & qu'elle tâchera d'engager *Philippe* à convoquer les Etats Généraux; elle accorde aussi une amnistie générale & la liberté des prêches réformés dans les endroits où ils étoient déjà introduits, pourvû que l'exercice de la réligion catholique ne fût pas troublé, & que les Nobles renonçassent à leur confédération.

On jure d'observer cet accord: mais *Marguerite* le viole aussitôt, en empêchant les Réformés de Bruxelles d'aller entendre le prêche à Vilvorden; elle prend entièrement le dessus, & réussit par un concours de circonstances à rétablir l'autorité du Roi dans toute son étendue. Les Nobles désunis par la destruction des images, qui avoit aliéné les Catholiques des Réformés, n'entreprennent plus rien, & pourvoient à leur sureté.

Philippe venoit d'obtenir tout ce qu'il désiroit, & ce n'étoit sans doute pas le moment d'aigrir par plus de rigueur des peuples déjà soumis. Le Duc d'*Albe* désigné à remplacer la Gouvernante, n'en paroît pas moins dans ces contrées, à la tête de 18000 étrangers, & ajoute à cette premiere infraction des privilèges d'abord cette seconde d'arrêter les Comtes d'Egmont & de Hoorn, & de les faire décapiter ensuite, sans qu'ils eussent été jugés selon les loix du Brabant. Plusieurs autres seigneurs éprouvent de sa part un sort très rigoureux. Le Conseil des troubles est érigé: Cet affreux tribunal, en appellant de toutes les autres Cours de justice, jugeoit lui-même sans appel des affaires rélatives aux derniers troubles, qu'il ne manqua pas d'étendre au-delà de toutes les bornes raisonnables. La mort la plus cruelle étoit décernée contre quiconque répondoit à ses ajournemens; le bannissement & la confiscation des biens étoit le partage des autres: le nombre de ceux-ci monta bientôt jusqu'à huit mille. Aucun droit des citoyens ne fut plus respecté.

Le Duc fit construire des forteresses dans plusieurs villes; des injustices & des cruautés de toute espèce furent commises par lui & par ses ministres. Les habitans des Pays-Bas, à l'exception d'un petit nombre dont on avoit les noms, sont déclarés coupables de leze-majesté, comme hérétiques ou fauteurs d'hérétiques. Un plan pour ériger une monarchie illimitée est publié; enfin l'entretien couteux des troupes & des citadelles l'engage à demander une imposition perpétuelle de dix pour cent sur chaque vente des meubles, de vingt sur les immeubles, & d'un centième de tous les biens une fois payés. C'étoit non seulement porter un coup mortel au commerce & aux manufactures de ces pays; mais aussi rendre à toujours inutile leur précieux privilège de ne payer au Prince que les taxes auxquelles ils avoient eux-mêmes consenti.

Quelques Provinces donnent malgré elles leur voix à la levée de ces deniers; d'autres rachettent pour un temps limité le dixième. Les Etats d'Utrecht réclamant

mant la même indulgence ne l'obtiennent pas, & font cités fous divers prétextes devant le Confeil des troubles, déclarés criminels de leze-majefté, & privés de tous leurs privilèges. Le temps du rachat du dixième étant expiré, le Duc d'*Albe* l'exige de nouveau; il trouve beaucoup de réfiftance; il veut le faire lever par force, & commence par Bruxelles; quand tout d'un coup la nouvelle que les Efpagnols ne font plus les maîtres de la Brille change totalement l'état des chofes.

Guillaume Prince d'Orange, deja chéri de l'Empereur défunt, & employé dans le gouvernement fous fon règne, depuis Stadhouder de Hollande, de Zélande & d'Utrecht, & membre du Confeil d'Etat, n'avoit pas diffimulé fa haine de la tyrannie & de l'oppreffion; il avoit quitté les Pays-Bas & fes charges du temps de la diffolution de la Confédération des Nobles, & s'étoit retiré en Allemagne. Plufieurs feigneurs, & environ 120,000 habitans s'étoient échappés avec lui, ou peu de mois après, des mains Efpagnoles. Bientôt le Duc d'*Albe* fait fommer le Prince de venir fe défendre fur plufieurs chefs d'accufation, & fe faifit de fon fils aîné qu'il envoye en Efpagne.

Loin de comparoître devant un tribunal auffi incompétant que le Confeil des troubles, *Guillaume* vivement preffé de toutes parts de fécourir la malheureufe patrie, fe défend & fe plaint dans des manifeftes, & met enfuite les armes à la main. Plufieurs Princes allemands lui fourniffent de l'argent & des troupes; des particuliers des Pays-Bas lui font tenir des fommes: lui-même il vend fes meubles, fes bijoux, & engage fes feigneuries.

Les Proteftans de France époufent fes intérêts. Dans la commiffion qu'il donne à fon frère le Comte Louis de Naffau, il déclare ne s'être armé que de l'aveu des Etats Généraux. Tout ce qu'il entreprend par terre en 1568, même la victoire remportée par fon frère, n'eft pourtant d'aucun fruit. Le Duc d'*Albe*, Général expérimenté, détruit tous fes plans, & l'oblige de fe retirer.

La mer fut plus favorable au rétabliffement de la liberté Belgique. En qualité de Stadhouder, titre qu'une fuite néceffaire avoit forcé le Prince d'abandonner pour un temps, & qu'il venoit de reprendre, il donne à plufieurs exilés & fugitifs des Pays-Bas des Commiffions pour armer en courfe: ceux-ci après bien des tentatives inutiles s'emparent enfin de la Brille, presque fans coup férir, le 1 Avril 1572.

Le Comte de *Boffu*, véritable Stadhouder de *Philippe* en Hollande, Zélande & Utrecht, tente envain de réprendre cette ville. Fleffingue chaffe fa garnifon Wallonne & fe range du côté de *Guillaume*. Un Gouverneur de Zélande, nommé par ce Prince, fait révolter les Villes de Veere & de Ziriczée. En Nord-Hollande Enckhuyfen fut la première à arborer l'étendart de la liberté: on y prête ferment

ment à *Philippe* comme Comte, & à *Guillaume* comme Stadhouder, en jurant de s'oppoſer à la tyrannie du Duc d'*Albe*, au dixième, au vingtième & à l'inquiſition. Les autres villes de Weſtfriſe, les principales de la Sud-Hollande ſuivent cet exemple. La nouvelle réligion qui avoit fait les plus grands progrès dans l'une & l'autre Province délivrée, y devint auſſitôt publique. En Gueldre, en Overyſſel & en Friſe, pluſieurs villes changent également de maître. Les Etats de Hollande s'aſſemblent à Dordrecht; le Prince y eſt proclamé Stadhouder légitime, & en ſon abſence le Comte de la *Marck* eſt réconnu ſon Lieutenant. On promet 100,000 Couronnes au Prince, en ſtipulant la conſervation des privilèges & le libre exercice des deux Cultes. Dans une ſeconde aſſemblée à Harlem, *ſans donner*, comme ils s'expriment, *atteinte à l'autorité du Roi*, les Etats prennent eux-mêmes les rênes du Gouvernement, & concluent à la levée d'un impôt.

Le parti du Prince augmente tellement en Hollande, qu'il n'y eut bientôt plus qu'Amſterdam qui tint pour les Eſpagnols. Arrivé lui-même dans cette Province, *Guillaume* convoque de nouveau les Etats, qui lui confient le pouvoir le plus abſolu jusqu'au mois de Mars de l'année ſuivante: on n'en met pas moins le nom du Roi à la tête des Edits.

Mais cette étonnante révolution n'avoit pas encore jetté des racines aſſez profondes pour pouvoir ſubſiſter au milieu des orages qui menacèrent bientôt de la terraſſer. La Gueldre, la Friſe & l'Overyſſel ſe voyent forcées de rentrer ſous les fers du Duc d'*Albe*. Les Eſpagnols s'emparent de quelques villes Hollandoiſes, & y commettent les plus horribles excès; d'autres également attaquées ſe défendent avec un courage à toute épreuve. Celles qui n'ayant pas perdu leur liberté formoient les Etats de cette Province, conjointement avec le Prince d'Orange & les Etats de Zélande, adreſſent une requête au Roi, dans laquelle elles ſe plaignent des cruautés de ſes Miniſtres, le prient de les délivrer de ces hommes barbares, & prennent toutes les Puiſſances chrétiennes à témoin que ce n'eſt que contre eux qu'elles ont pris les armes. Enfin le Duc d'*Albe* ſollicite ſon rappel, & eſt remplacé par Don *Louis de Requeſens.* Dans l'eſpace de ſix ans il avoit fait périr 18000 perſonnes par la main du boureau, & il oſoit encore s'en glorifier.

Son ſucceſſeur fit publier une amniſtie à laquelle on ne ſe fia pas; il entama en même temps des négociations avec les Etats de Hollande: ceux-ci demandent pour préliminaires que les troupes étrangères quittent le pays, & que l'adminiſtration ſoit déférée aux Etats Généraux légitimement convoqués; mais le Gouverneur ne peut ſe réſoudre à le leur accorder.

Les ſubſides néanmoins ne furent pas levés dans cette Province, ni fournis à *Guillaume* avec cette promtitude que ce libérateur de la patrie & une guerre coûteuſe l'exigeoient. Laſſé d'une lenteur auſſi déſeſpérante, & des contradictions qu'il qu'il commençoit déjà à éprouver, le Prince menace d'abandonner les Etats qu'il savoit ne pouvoir se passer de lui. Aussi ces mêmes Etats lui conférerent-ils le pouvoir absolu & l'autorité souveraine durant la guerre sous le titre de Gouverneur ou Régent, en se réservant seulement le consentement aux taxes, & deux autres Articles.

En Zélande, où Middelbourg s'étoit jointe depuis quelque temps aux trois villes qui avoient secoué le joug Espagnol, son autorité n'étoit guères moindre qu'en Hollande. Ces deux Provinces avoient eu depuis plusieurs siècles des rélations réciproques; réunies ensuite sous un même Stadhouder, elles étoient les seules qui s'étoient soustraites avec quelque succès aux chaînes de la tyrannie, & qui avoient su maintenir la plus grande partie de leurs villes dans l'indépendance; seules aussi elles obéissoient à *Guillaume*.

Celui-ci pour y conserver son pouvoir, pour opposer une barrière plus forte à *Philippe*, & pour se faciliter la levée des impôts dans l'une & dans l'autre contrée, fit établir une forme de Gouvernement commune, & fit conclure une union entre les deux Provinces le 4 Juin 1575. Dans la première on lui confirma la souveraineté pendant la guerre quoiqu'on ne lui permît encore de faire rendre justice que de la part du Roi en qualité de Comte de Hollande; un Conseil National composé de Membres Hollandois & Zélandois devoit veiller au bien-être commun. Dans la seconde les Provinces promirent de s'aider & de se défendre mutuellement, sous les loix du Prince, contre l'ennemi, & de ne point conclure de paix que d'un consentement réciproque & qu'après avoir demandé l'avis de *Guillaume*. Chaque Province devroit contribuer également aux impôts que la guerre exige, & envoyer ses Députés à la même assemblée des Etats. Le Prince est nommé juge de tous les différends qui pouvoient naître entre les deux contrées. On pourvoit au commerce & à la police mutuelle; enfin ce traité, dont la pluralité des membres expliqueroit les obscurités, devoit durer jusqu'à la fin de la guerre, ou aussi longtemps que des deux côtés on le jugeroit nécessaire. Il fut signé par cinq Nobles Hollandois & par les Députés des villes de chaque Province. Un seul article, celui du Conseil National, qui bornoit le pouvoir de *Guillaume*, déplut à ce Prince & fut bientôt aboli. Aussi les villes Gueldroises de Bommel & de Buren, quoique rangées de son côté, ne furent pas comprises dans cette alliance; cependant dans les conférences qui eurent lieu peu après à Breda avec l'Espagne, elles eurent chacune une voix, tandis que la Hollande & la Zélande en avoient ensemble deux autres, & le Prince la cinquième délibérative: arrangement qui lui donna la plus grande influence dans les négociations.

Elles ne furent cependant d'aucun fruit; la guerre continue & est poussée avec ardeur par le Gouverneur Espagnol contre les deux Provinces. La Hollande prévoyant que tous les efforts du Prince ne pouroient la garantir de succomber bientôt sous la puissance de *Philippe*, conclut unanimement, à l'exception pourtant de Gouda, d'abjurer sa domination comme celle d'un fléau de ses sujets, & de se

livrer

livrer à un autre protecteur; mais ni l'Angleterre ni la France n'acceptent l'offre qu'on leur fait de la souveraineté de ces pays. Le Prince, dans un mouvement de désespoir, propose de rendre la contrée inutile à l'ennemi en rompant les digues, tandis qu'on se sauveroit ailleurs; lorsque tout d'un coup la mort inattendue de *Requesens* donne une nouvelle face plus heureuse aux affaires. Pour mieux profiter de cet événement, *Guillaume* met la derniere main à l'union entres les deux Provinces: union qui n'avoit pas encore le dégré de consistance qu'il lui desiroit.

Le 5 d'Avril 1576 un second traité semblable au premier à plusieurs égards est signé; les Etats conferent de rechef au Prince, autant qu'il dépendoit d'eux, le pouvoir suprême, quoique ce fût toujours au nom du Roi qu'on lui fît maintenir la justice, & nommer les Officiers & les Conseillers; les taxes devoient être reparties d'une maniere égale; la Nord-Hollande & la Zélande entretiendroient chacune deux Députés dans la Hollande Meridionale, & celle-ci en enverroit le même nombre à chacune d'elles; le Prince les choisiroit entre des sujets présentés par les Etats.

Ce point étant arrangé à son gré, & les subsides les plus considérables lui étant fournis immédiatement après, *Guillaume* étend ses vues plus loin. Le Conseil d'Etat s'étoit emparé, tout de suite après la mort de son Chef, du Gouvernement des Provinces Espagnoles; mais il trouvoit le trésor épuisé, & les troupes du Roi, qui en grande partie assiégeoient Ziriczée, mécontentes de ce que depuis 22 mois on ne leur avoit pas payé leur solde. Le crédit & l'autorité que *Requesens* avoit su se ménager les avoient tenues en bride, mais elles ne témoignoient pas les mêmes égards pour le Conseil qui lui étoit succédé. La capitale de l'isle de Schouwen s'étant rendue à la supériorité de leurs armes, elles se mutinerent & ravagerent les campagnes voisines, ensuite celles du Brabant & de la Flandre. Le peuple de Bruxelles, furieux de ces désordres, chasse sa garnison & force le Conseil d'Etat de déclarer rebelles au Roi les troupes qui commettoient ces excès. Les Etats des diverses Provinces obtiennent la permission de s'armer; les soldats mutins de leur coté se rassemblent près d'Alost & leur nombre s'accroit de jour en jour; on est forcé de faire revenir de la Hollande la Cavalerie Espagnole & Italienne, & le siege de Woerden est levé.

Les Provinces libres ayant par là le temps de respirer, tandis que celles du Roi se trouvoient dans la plus grande confusion, le Prince saisit ce moment favorable, & écrivit des lettres aux Etats de Gueldre, de Flandre, d'Utrecht & autres Provinces, ainsi qu'à plusieurs Seigneurs des Pays-Bas pour les exhorter à profiter des circonstances, à s'unir contre l'Espagne & à se mettre en liberté. Il leur assure qu'il n'a aucune intention de changer le culte romain, duquel les Etats Généraux décideroient, & que le seul objet qu'il a en vue est celui de rétablir les peuples dans les droits qu'on leur avoit arrachés; il finit par leur offrir le secours des Provinces où il commande.

Ces

Ces lettres firent impreſſion. Le Brabant & la Flandre entrevoyent la néceſſité de s'unir avec la Hollande & la Zélande; le Conſeil d'Etat eſt mis en priſon par deux Compagnies de Wallons qui pretextent d'y être autoriſées par les Etats de Brabant, ceux-ci proſcrivent les Eſpagnols par un Edit violent. Les Etats de Flandre reclament le ſecours du Prince, & lui ouvrent Nieuwport & le Sas de Gand. Pluſieurs autres Provinces témoignent le même deſir de s'accorder avec lui. On renoue à Gand les négociations rompues à Breda; les cruautés que les ſoldats Eſpagnols commirent à Maeſtricht & à Anvers en accélererent l'iſſue, & le 8 de Novembre les Etats de Brabant, de Flandre, d'Artois, de Hainaut, de Valenciennes, de Lille, de Douai, d'Orchies, de Namur, de Tournai, d'Utrecht & de Malines d'un côté, & le Prince d'Orange avec les Etats de Hollande, de Zélande & leurs confédérés de l'autre, concluent enſemble la *Pacification* qui porte le nom de la ville où elle a été traitée; en voici les principaux articles:

„ On ſe promet une amitié ſincere & ſolide, ainſi que de ſe ſecourir mutuelle„ ment pour chaſſer du pays les ſoldats étrangers & ſurtout les Eſpagnols. L'aſſem„ blée des Etats Généraux ſera convoquée pour mettre ordre aux affaires publiques, „ & ſurtout à celles qui regardent la religion, en Hollande, en Zélande & chez „ leurs Confédérés. On n'entreprendra rien dans les autres Provinces contre le „ culte Catholique. Les Edits ſéveres reſteront en attendant ſuſpendus. Le Prin„ ce d'Orange ſera reconnu Amiral, Stadhouder en Hollande, Zélande, Bom„ mel &c., auſſi longtemps que les Etats-Généraux n'en auront pas décidé au„ trement, excepté pourtant dans les places qui, quoique ſituées dans ces Pro„ vinces, ne ſe ſont pas encore ſoumiſes à ſon gouvernement, juſqu'à ce qu'elles „ aient adopté la Pacification, & fait leur accord avec le Prince. Les priſonniers de „ part & d'autre ſeront relâchés. Le Prince & tous ceux dont les biens ont été „ confisqués, y ſeront rétablis. On tâchera de mettre la monnoie, qui en Hol„ lande & en Zélande avoit été hauſſée beaucoup au delà de ſa valeur, ſur un „ pied égal. Les Etats Généraux décideront ſi on dédommagera le Prince de ſes „ deux expéditions, aux dépens de la Généralité. Les Provinces & les villes „ du parti contraire ne jouiront des avantages de ce Traité qu'après l'avoir „ adopté, ce qu'ils pourront faire quand bon leur ſemblera."

Les ſuites heureuſes de la Pacification ne tarderent pas à ſe manifeſter; la Friſe & Groningue ſe rangent immédiatement après du côté des Etats. Dans les premiers mois de l'année ſuivante toutes les villes en Hollande & en Zélande, qui avoient encore tenu pour l'Eſpagne, hormis Amſterdam, font leur accord avec le Prince ſous diverſes conditions, & reçoivent ſes troupes dans l'enceinte de leurs murs. Utrecht eſt vivement ſollicitée de ſa part de ſuivre un ſi bel exemple & de ſe défaire de ſa garniſon eſpagnole, comme elle le fit effectivement en Avril.

Mais dans ces entrefaites un nouveau Gouverneur Don *Juan d'Autriche* étoit arrivé dans les Pays-Bas. Les Etats Généraux le reſpecteront-ils, & quelles

promeſſes

promesses exigeront-ils dans ce cas de sa part pour leur sureté? Des Députés partent pour le Luxembourg où il s'étoit arrêté, pour négocier avec lui: mais d'abord il se rend suspect en exigeant des otages. *Guillaume* ne cesse d'écrire des lettres aux Etats dans lesquelles il leur déconseille tout accommodement, avant que le nouveau Gouverneur n'ait fait partir les troupes étrangeres, & dans lesquelles il leur propose plusieurs articles propres à faire partie d'une capitulation.

On convient de demander le renvoi des soldats Espagnols, le maintien de la Pacification de Gand & la convocation des Etats Généraux; Don *Juan* ne donne que des réponses échapatoires. C'est alors que les Etats, incertains encore qu'elle seroit l'issue des négociations, concertent dans une assemblée tenue à Bruxelles un nouveau traité d'union dans lequel on se promettoit mutuellement le maintien de la religion Catholique, de la Pacification, & de l'obéissance au Roi, en s'engageant de faire partir les Espagnols.

Le premier de ces articles étoit de nature à empêcher les Etats de Hollande & de Zélande d'accéder à cette union, & le troisieme n'étoit pas plus de leur goût dans les circonstances présentes. Aussi une secrete jalousie que nourissoit la noblesse Belgique de l'influence & de la supériorité de *Guillaume* contribua beaucoup à faire proposer les dits articles, & le traité fut signé par les autres Provinces. C'étoit en effet rompre celui de Gand. L'importance que *Philippe II.* mettoit à l'exercice exclusif de la religion romaine, pouvoit, après qu'on fut convenu de ce point, lui faire feindre du moins de passer sur plusieurs autres, & il étoit facile de prévoir que si Don *Juan* réussissoit à se faire reconnoître Gouverneur, la Pacification ne seroit plus un lien bien étroit entre les deux parties qui l'avoient contractée, quand-même les promesses qu'on avoit exigées de l'Archiduc ne seroient pas violées de sa part.

En effet après beaucoup de résistance, ce Seigneur conclut vers le milieu de Février un traité avec les Etats, dont l'union arrêtée peu auparavant faisoit la base, & qui fut publié sous le nom de l'*Edit perpétuel*, mais auquel la Hollande & la Zélande refusoient egalement d'accéder.

Ces deux Provinces ne se fioient plus à l'Espagne, ni à tous les Gouverneurs que Philippe nommoit. Nous les avons deja vues prêtes à abjurer ce Prince, & ce ne fut que faute d'un protecteur puissant qu'elles ne l'avoient pas encore fait solemnellement. *Guillaume*, comme la suite de l'histoire le prouve évidemment, ne se crut pas assez fort jusqu'alors pour aspirer pour toujours à la Souveraineté qu'on ne lui avoit cédée que pendant la guerre. Si jamais on se fût soumis de nouveau à l'autorité du Roi, ce n'auroit été qu'après s'être assuré de la maniere la plus positive qu'il ne feroit plus le maître d'abuser de son pouvoir, qu'après lui avoir fait redresser tous les torts qu'il avoit commis, & qu'après l'avoir contraint d'accorder de nouveau au peuple l'exercice de tous ses privileges.

Mais

Mais on étoit bien loin de là. La Pacification de Gand se taisoit sur le point de rentrer sous l'obéissance de *Philippe*, & promettoit une assemblée des Etats Généraux pour discuter les affaires de conséquence. Les deux Provinces n'avoient donc rien perdu à la conclure, & au contraire avoient gagné beaucoup du côté de l'union avec les autres parties des Pays-Bas; mais quand elles virent celles-ci disposées à obéir aux loix d'un nouveau Gouverneur Espagnol; quand l'Archiduc venoit de donner des preuves trop peu équivoques de ses intentions hostiles; quand la majeure partie des droits des citoyens étoit encore aussi opprimée que jamais, sans que les autres Provinces pensassent à les lui faire respecter; quand le lien principal de la Pacification étoit rompu, & qu'on avoit oublié les intérêts de la tolérance: les deux Etats se garderent bien d'entrer dans tous les plans de leurs Confédérés; & quoique le nom du traité de Gand restât, ils ne furent guères plus avancés qu'avant sa conclusion.

Rien ne leur auroit cependant été plus avantageux que d'avoir des alliés qui guidés par les mêmes motifs auroient été disposés à faire cause commune avec eux. La guerre ne pouvoit manquer de recommencer bientôt. Si l'Archiduc manquoit à ses promesses, & que toutes les Provinces s'armassent contre lui, il étoit difficile de renouer avec succès l'union générale, tandis que les armées du Gouverneur occuperoient le centre du pays. Si Don *Juan* n'attaquoit que les Etats qui lui avoient refusé l'obéissance, ceux-ci épuisés par les fraix énormes d'une guerre de plusieurs années, auroient de la peine à se soutenir longtemps dans leur indépendance; le secours des Puissances étrangeres étoit précaire, & elles assistoient ou abandonnoient suivant que la convenance le leur dictoit. Une alliance étroite avec quelques Provinces voisines, les plus éloignées de l'ennemi, formant ensemble un terrein arrondi, couvrant les frontieres des Hollandois & commandant les rivieres qui traversoient leur Etat, étoit sans doute ce qui convenoit le mieux aux deux Provinces que gouvernoit *Guillaume*. Elles ne faisoient presque plus qu'un seul corps, & les avantages qu'elles recueilloient d'une union aussi intime avoit appris au Prince quelles espérances il pouvoit former d'une ligue pareille entre un plus grand nombre d'Etats.

Il s'agissoit surtout d'y amener par la voie de la persuasion ceux qu'on vouloit inviter à en devenir membres; sans doute ils y avoient le même intérêt que ceux auxquels on cherchoit à les unir. Alliés à des peuples qui s'étoient déjà fait respecter par la fermeté avec laquelle ils avoient maintenu leur droits, ils acquéreroient par là un degré de sureté qu'ils n'avoient pas connu depuis longtemps. Si deux Provinces avoient opposé tant de resistance aux Espagnols, combien plus de difficultés trouveroient-ils à faire respecter de plusieurs leurs loix despotiques? Le commerce des Hollandois & des Zélandois dont elles jouiroient plus librement par une telle alliance; la mer dont elles s'ouvriroient l'entrée; le crédit du Prince d'Orange dont elles partageroient les fruits avec les autres: tout cela pouvoit leur devenir de la plus grande utilité. D'ailleurs ce n'étoit exiger rien d'injuste d'elles; en effet ces Provinces pouvoient rester fideles à la Pacification de Gand, & même à l'union conclue depuis, pour autant que ce traité ne contenoit rien de contradictoire dans ses articles; de plus l'accord avec Don *Juan* ne les avoit soumis au pouvoir de ce Gouverneur que sous des conditions qu'il n'avoit pas encore rempli, & ne les obligeoit à continuer dans l'obéissance à ses ordres que lorsqu'il reconnoissoit tous leurs privileges, à la jouissance desquels elles n'avoient jamais renoncé.

C'est ainsi que se forma bientôt la célebre Union d'Utrecht. Quand nous en aurons tracé l'origine, on verra que durant les négociations qui eurent lieu à ce sujet, elle devint de jour en jour plus nécessaire.

Fixons ici notre point de comparaison, & rassemblons les traits principaux qui caractérisent les causes des Ligues Achéenne, Suisse & Belgique; indiquons ce qu'elles ont de commun, & en quoi elles different les unes des autres.

I. D. COMPARAISON *des Causes de chaque Ligue.*

D'abord nous voyons trois Peuples, composés de plusieurs Provinces ou villes, avoir un juste titre à la liberté. Les dégrés de cette liberté ne laissoient pourtant pas de varier extrêmement entre eux. Les Achéens en avoient atteint le plus haut; sans Roi, sans Patriciens héréditaires, leur Gouvernement démocratique étoit uniformement juste & heureux. Les Suisses jouissoient bien du même avantage de choisir leurs propres magistrats, mais le Chef de l'Empire étoit leur Souverain, & quelque limité que fût le pouvoir de ces Monarques, il s'en étoit trouvé pourtant auxquels les Cantons avoient cru devoir s'opposer quelquefois; outre que des contributions & un certain nombre de troupes qu'ils fournissoient de temps en temps à l'Empereur, ne laissoient pas que d'être une charge, quelque légere qu'elle fût à supporter, puisque ni cet argent ni ces soldats n'étoient directement employés à leur défence. Les fiefs que quelques Barons possédoient sur leur territoire étoient encore une diminution de liberté. Celle des Peuples Belgiques étoit la moindre des trois. Ils formoient plusieurs Principautés particulieres & héréditaires, & obéissoient ainsi aux loix des Princes que la naissance leur donnoit; n'ayant acquis que la faculté de disposer de leurs biens, & le droit d'être jugés par leurs propres juges avec quelques autres Privileges. C'étoit la seule espece de liberté compatible avec le Gouvernement d'un vrai Souverain, mais aussi ce qu'il falloit nécessairement pour que les Belges ne perdissent pas jusqu'au nom de peuples libres, & ne fussent pas exposés au despotisme de chacun de leurs maîtres.

L'origine de cet état ne varioit pas moins chez les trois nations. Les Achéens l'avoient obtenu en chassant des Princes qui abusoient de leur pouvoir, & une suite

ſuite de ſiecles leur en confirma la poſſeſſion. Celui des Suiſſes n'étoit pas moins ancien: mais ils le devoient ſelon toutes les apparences à un des Empereurs de la race Carlovingienne; ils le perdirent en partie ſous les Recteurs de la petite Bourgogne; & en revenant ſous la puiſſance immédiate de l'Empire, chaque Monarque élevé au trône impérial le leur aſſuroit de nouveau. Les peuples des Pays-Bas le tenoient de leurs Chefs particuliers qui, ſoit politique, ſoit néceſſité, leur avoient accordé ou vendu leurs privileges en divers temps, & chacun de leurs ſucceſſeurs avoit enſuite juré de les maintenir.

La maniere dont les trois Peuples avoient acquis leurs droits reſtoit toujours également légitime; mais ils n'avoient pas eu la même jouiſſance de ces prérogatives déja avant les troubles d'où naquirent les ligues. Celles des Achéens n'avoient jamais été attaquées, celles des Suiſſes rarement; mais les Princes qui gouvernoient la plus grande partie des Pays-Bas, ſurtout ceux de la Maiſon de Bourgogne & d'Autriche n'avoient obſervé que d'un œil jaloux la quantité de privileges que leurs predéceſſeurs s'étoient vus contraints d'accorder à des Provinces & à des villes, & ils ſaiſirent avec empreſſement chaque occaſion favorable d'empêcher leurs ſujets de les faire valoir.

Les Belges furent donc menés plus inſenſiblement au traitement qu'on leur fit endurer enſuite; mais chez les uns & les autres le danger s'annonçoit presque par les mêmes préſages. En Grèce c'étoit la puiſſance des Rois de Macédoine, ſurtout de *Philippe* & d'*Alexandre*, qui de jour en jour devenoit plus étendue, plus illimitée & qui vint bientôt s'établir dans le Péloponeſe-même tout autour des villes de l'Achaïe. En Suiſſe c'eſt la Maiſon de Habsbourg, qui élevée au trône de l'Empire, & maîtreſſe de pluſieurs vaſtes Etats, entoure les trois cantons pour en former des domaines héréditaires. Aux Pays-Bas ce ſont les Souverains-mêmes, auxquels des mariages & des guerres ſoumettent une principauté, un royaume l'un après l'autre, & qui parvenus à ce dégré de pouvoir ne reſpecteront plus qu'auſſi longtemps qu'il leur plaira de faibles morceaux de parchemin.

Les ſucceſſeurs d'*Alexandre*, l'Empereur *Albert*, & *Philippe II.* n'ont qu'un ſeul but principal, qui eſt d'établir une autorité ſans bornes dans ces différends pays. Les nuances pourtant en varient encore. Chez les ſucceſſeurs d'*Alexandre* c'eſt ambition & jalouſie: tandis que les Généraux de ce Conquérant ſe diſputoient après ſa mort le partage de ſes états, chacun d'eux ne prenoit rien tant à cœur que d'en enlever autant qu'il étoit poſſible à ſes rivaux, & de ſe rendre ainſi rédoutable à eux. Plus auſſi il exerçoit de pouvoir dans les terres conquiſes plus il acquéroit de prépondérance. Chez l'Empereur *Albert*, comme nous l'avons deja fait voir, c'eſt la vengeance qui ſe joignit à l'ambition; & puisque les principautés qui rélevoient de l'empire n'étoient en effet que des Seigneuries qui rapportoient des revenus conſidérables, & que les hiſtoriens peignent ce Monarque

 auſſi

aussi ambitieux qu'intéressé, il n'est pas difficile de réconnoître un troisième motif qui le fit agir. Chez *Philippe* enfin c'est un orgueil insupportable qui le dévoroit & qui excitoit sa haine contre tout ce qui osoit mettre des entraves à ses volontés, & une superstition basse & puérile qui lui fit envisager la réligion Catholique comme la seule qu'il pût souffrir dans ses Etats, en dût-il coûter la vie à des milliers de sujets.

Passons aux moyens que ces Souverains employèrent pour parvenir à leurs desseins. Les Rois de Macédoine devoient commencer par s'emparer de l'Achaïe pour y gouverner. *Albert* il est vrai étoit le Souverain de Uri, Schweitz & Underwalden, & on n'auroit osé manquer d'y réconnoître les titres d'un Gouverneur ou d'un Baillif impérial; mais dès qu'il vouloit en former une partie de l'Autriche, il ne devoit pas moins s'en emparer, & y faire entrer des soldats que l'empire n'avoit pas coutume d'y envoyer. Le Roi *Philippe* n'avoit qu'à déclarer sa volonté; mais il s'agissoit alors de savoir si les peuples Belgiques souffriroient patiemment que leur Prince foulât aux pieds leurs droits & leurs privilèges.

Nous avons dit que les villes qui formoient ensemble l'Achaïe avoient eu jusqu'ici les liaisons les plus intimes, & n'avoient formé qu'un peuple. Les cantons Suisses avoient fait trois peuples différends, mais réunis de temps en temps pour la défense commune. Les Provinces des Pays-Bas n'avoient connu d'autre réunion que celle de la contiguité de leur territoire, & de l'obéissance au même maître.

Dans l'Achaïe rien n'étoit donc plus nécessaire que de diviser les villes, & toutes sortes d'artifices furent mis en œuvre pour y réussir, jusqu'à ce qu'enfin la jalousie s'étant emparée d'elles, & se voyant trompées par de vaines promesses, elles furent subjuguées les unes après les autres, soit en recevant des troupes Macédoniennes, soit des tyrans qui dépendoient d'Antigone. En Suisse l'union n'étoit pas si forte; aussi ne s'attacha-t'on pas tant à leur inspirer une défiance mutuelle qu'à les persuader, & cela n'ayant point réussi, à les tromper: puisqu'après leur avoir promis des Gouverneurs impériaux, on fait partir pour l'Helvétie des Gentilshommes qui, avec des troupes, se rendent maîtres de quelques châteaux importans; & certainement ce fut une aussi grande faute aux Suisses de ne pas s'opposer dès lors à l'entrée de ces soldats dans leurs Cantons, qu'aux Achéens de prêter l'oreille aux insinuations qu'on leur fit. *Philippe* n'eut pas besoin de mettre en œuvre des moyens aussi compliqués: il ordonna à la Gouvernante le maintien de l'inquisition; ce qui par une conséquence naturelle étoit introduire un despotisme sans bornes.

Un Gouvernement tyrannique & cruel est alors exercé chez les trois peuples, sans que les Rois qui l'ordonnent en soient les témoins oculaires; mais il y a encore ici bien des différences à observer. En Suisse ce n'est que le moyen pour persuader aux habitans de recevoir les loix de l'Autriche; aussi l'Empereur ne commence-t'il qu'après avoir essayé pendant quelque temps la voie de la douceur, &

& il y auroit fait succéder, si l'on fût entré dans ses vues, une administration fort éloignée d'être libre, il est vrai, mais telle que tous les autres sujets d'*Albert* la connoissoient depuis quelque temps. Dans les Pays-Bas c'est le but, la fin même, puisque les placards que le Roi renouvelloit ordonnoient cette cruauté dans les termes les plus positifs. En Achaïe ce n'est que la suite nécessaire d'un Gouvernement usurpé.

Ceux qui l'exercent sont ici des Ministres envoyés par *Antigone* & ses prédecesseurs, ou des Tyrans suscités par ce Prince, en général des hommes que l'Histoire nous a fait connoitre comme des fléaux de l'humanité, sans pourtant nous en apprendre les noms, & sans charger notre mémoire du détail de leurs crimes; des hommes au reste qui servoient leurs maîtres comme ils vouloient être servis, ou qui suivoient leur propre penchant, comme on l'avoit prévu en les élevant à la dignité dont ils étoient revêtus. Les trois Gouverneurs envoyés en Suisse répondoient également bien aux desseins d'*Albert*, & leurs forfaits ainsi que leur hauteur les firent également détester. Dès quatre que *Philippe* établit successivement dans les Pays-Bas, avant qu'on pensât à l'union, la première est une femme qui n'a ni assez de force pour nécessiter les peuples d'obéir au Roi, ni assez de noblesse pour faire de leur cause la sienne. Le Duc d'*Albe* est un monstre dans toute l'étendue du terme. *Requesens*, d'un caractère plus doux, poursuit néanmoins les mêmes mesures violentes. Don *Juan* d'Autriche ne s'accorde avec les Etats que pour mieux les trahir.

Quant à la manière d'exercer la tyrannie, quelqu'éloignées qu'en soient les époques, quelque différence qu'il y ait entre les mœurs des trois peuples & de leurs conquérans, les grands traits s'en ressemblent infinement. Partout c'est à la vie, à la liberté, aux biens des sujets de tout rang que l'on porte des coups; partout ce sont des vexations continuelles, un mépris marqué, des actes de vengeance, de cruauté & de barbarie qu'on leur fait éprouver; partout les échaffauds sont dressés, les prisons remplies; partout on attaque l'honneur des femmes; partout on croit n'avoir que des esclaves qui ne possédent que ce qu'on veut bien leur permettre de garder; partout enfin ce sont des soldats étrangers qui soutiennent l'autorité usurpée. Mais quoique nous ne soyons pas assez instruits des particularités de l'Achaïe à cet égard, & que nous ne puissions conclure que de ce qui arriva chez les peuples voisins, combien la Nation Belgique ne souffrit-elle pas davantage que les deux autres? La réligion s'en mêla, & c'est tout dire. Ce n'est que là qu'on a vu la plus étonnante émigration, & les supplices les plus horribles infligés presque journellement à tant d'infortunés; ce n'est aussi que là qu'on a vu une nation entière déclarée criminelle de leze-majesté. On ne ménageoit pas davantage les Catholiques, dont on vouloit soutenir la réligion, que les Protestans dont on vouloit la détruire: & c'étoit plus le plaisir d'être cruel que la nécessité de le devenir, qui faisoit le ressort du Gouvernement.

Mais les Peuples Belgiques se distinguent aussi en cela des autres, qu'ils s'opposerent

ferent aux desseins de leurs tyrans dès le commencement, & bien avant que l'Union d'Utrecht se formât. Les Achéens sont vaincus & souffrent, jusqu'à ce que l'esprit de liberté vienne les ranimer, & que leur ligue se forme. Les Suisses sont dans le même cas; mais quoique maltraités, ils n'en cédent pourtant pas plus le grand point qu'on veut leur extorquer. Dans les Pays-Bas l'union n'est que la suite de plusieurs autres événemens. La confédération des Nobles réussit pour un temps à arrêter la rigueur des placards; on dissoud cette confédération, mais bientôt le Prince d'Orange attaque le Gouverneur de *Philippe*, & lui enleve cinq Provinces. Il en perd d'abord trois, & pour mieux conserver les deux autres qui l'avoient déclaré leur souverain pendant la guerre, il leur fait conclure une alliance défensive, & n'en forme qu'un seul corps. La mort de *Requesens*, & l'émeute des troupes Espagnoles sont une occasion favorable pour *Guillaume*, pour traiter d'une paix entre ces deux Provinces & les autres; mais une nouvelle union entre celles-ci, à laquelle la Hollande & la Zélande ne peuvent accéder, & l'autorité d'un nouveau Gouverneur réconnue rendent la Pacification de Gand inutile. Dès lors les deux Provinces ne pensent plus qu'à s'unir avec leurs voisines, & à le faire aussi intimement qu'elles l'étoient entre elles.

Enfin, cette union devint également nécessaire chez les trois peuples, par la nullité de toute espérance de secours étranger. Les Suisses ont l'ennemi dans leur sein & en sont entourés. Les Achéens, presque dans le même cas, n'ont de libre que le coté de la mer, dont les côtes escarpées & dépourvues de ports sont inabordables pour tout vaisseau d'Allié. Les Provinces Belgiques, quoique n'ayant plus l'ennemi chez elles, & pouvant être secourues du coté de la mer, ne trouvent point d'amis & sont épuisées par la guerre.

Concluons: La cause des trois Ligues n'est que la foiblesse de chaque partie des Peuples Achéens, Suisses & Belgiques, qui seules ne peuvent se défendre contre l'injustice dont on les accable. Mais tandis qu'en Achaïe & en Suisse c'est la cause première & directe, ce n'est que la cause éloignée dans les Pays-Bas, où la rupture d'une Ligue précédente en amène une plus forte & plus efficace. Passons maintenant à l'origine de chacune de ces Ligues.

II°. A. ORIGINE *de la Ligue Achéenne.*

Dans la cent vingt-quatrième Olympiade (*a*), deux villes Achaïques *Patræ* & *Dyme* s'unissent ensemble, & posent les fondemens de la plus célèbre confédération de l'antiquité. Deux autres, *Tritæa* & *Pharæ* s'y joignent aussitôt. Voilà tout ce que nous savons des commencemens de cette Ligue. Il est assez évident que

(*a*) Les Auteurs varient sur l'année précise. *L'Hist. Univ.* déja citée fixe l'année Ie. de cette Olympiade. UBBO EMMIUS la IIe. BAYER *in fastis Achaicis illustr.* la IVe. Du reste POLYBE, STRABON & PLUTARQUE *Loc. cit.* nous ont fourni les matériaux pour le développement de l'origine de la Ligue Achaïque.

que lasses de porter le joug Macédonien, & de vivre sous un Gouvernement si éloigné de la constitution Républicaine, dont pendant des siècles elles avoient éprouvé la douceur, elles aient voulu faire revivre celle-ci; mais les Auteurs anciens n'y ajoutent pas comment elles sont venues à bout d'enlèver le pouvoir aux Gouverneurs d'Antigone, ou aux tyrans qui les maîtrisoient. Cinq années s'écoulent ensuite sans qu'il paroisse qu'on ait troublé l'heureux état dans lequel ces villes venoient de se rétablir, ou du moins sans qu'on en soit venu à bout, mais aussi sans qu'aucune autre ville opprimée ait suivi leur exemple. Il étoit cependant de trop d'importance pour leur sûreté que le nombre des villes unies augmentât; on ne peut donc guères douter qu'elles n'aient mis en œuvre tous les moyens possibles de persuader à leurs voisines d'entrer dans leur Ligue.

Les Citoyens d'*Ægium* réussissent à chasser leur garnison & sont d'abord admis à l'union des autres Villes. L'esprit de liberté devient dès-lors plus général en Achaïe; le tyran de *Bura* est massacré & la ville entre dans la confédération. *Iseas* qui dominoit à *Ceraunia*, frappé de cet événement, craignit pour ses jours & abdiqua de lui-même. Le reste des villes de la Province se joignit aux autres, excepté *Olenus*, où le parti que les Macédoniens avoient sçu se former étoit certainement le plus fort. On auroit pensé que *Pellene*, qui seule étoit restée libre, auroit été une des premières à secourir celles qui tâchoient de s'affranchir; mais il ne paroît pas qu'elle ait rempli ce devoir, & nous ne voyons nulle part dans quel ordre elle se soit fait inscrire parmi les Alliées.

Les Achéens sembloient avoir atteint leur but. Ils se trouvoient délivrés de leurs maîtres, & avoient recouvré un bonheur qui ne les avoit abandonné pour un temps que pour qu'ils en sentissent mieux le prix. Il n'est pas probable qu'ils eussent dejà étendu leurs vues aussi loin que les circonstances les leur firent porter ensuite; aussi pendant environ le quart d'un siècle ils continuerent à se gouverner de nouveau comme autrefois, à quelques légères différences près.

Mais un génie vaste & entreprenant, un homme doué de tous les talens pour être le Chef d'une République & l'idole d'un peuple libre, un ennemi juré de la tyrannie, un ami ardent de l'égalité civile & du bien public, brave à la tête des armées, sage & éloquent dans les conseils, plein de probité envers ses Concitoyens, de finesse quand il s'agissoit de tromper ceux qui vouloient du mal à la patrie, enfin *Aratus* de Sicyon réussit à étendre les bornes de cet Etat, & à faire participer presque toute la Grèce au bien dont l'Achaïe avoit joui seule jusqu'alors.

Sicyon ville limitrophe de cette contrée, après avoir chassé ses tyrans étoit retombée sous leur puissance. *Aratus* fils d'un des Magistrats assassinés dans la révolution, commence sa carrière par leur arracher à son tour le sceptre, en s'emparant par surprise du lieu de sa naissance qu'il n'avoit pas vu depuis bien du temps, & auquel il rend dabord la liberté. *Antigone*, réveillé enfin de sa létargie,

gie, médite de réduire Sicyon à l'ancien état d'esclavage, & cette ville n'auroit pas eu la force de lui résister, si *Aratus* n'eût sçu persuader aux Achéens de l'admettre dans leur confédération. Ceux-ci non moins intéressés à acquérir un nouveau dégré de consistance, que peu jaloux de posséder seuls un bonheur de la participation duquel les peuples voisins seroient exclus, y consentent avec joie.

Aratus est bientôt élevé à la dignité de Général de la Ligue: dignité suprême à laquelle le Conseil commun des villes élevoit tous les ans un nouveau sujet. Dès lors ce zèlé défenseur des droits de l'humanité ne songe plus qu'à aggrandir les bornes de la République, & à délivrer le Peloponese entier de l'oppression qui l'accabloit. La ville de Corinthe & son château étoient la clef de cette péninsule; rien n'étoit donc plus important pour les Achéens que de s'en rendre les maîtres; puisque c'étoit fermer aux troupes d'*Antigone* l'entrée dans le pays & dans les autres villes. *Aratus* élu général pour la seconde fois huit ans après son premier gouvernement entame cette entreprise hardie. Sans communiquer son dessein à personne, il engage ses effets les plus précieux, & employe la somme qu'il en rétire à corrompre quelques soldats de la garnison de l'Acrocorinthe, château tellement fortifié qu'il étoit impossible de s'en emparer par d'autres moyens que par celui-là; enfin il est assez heureux pour le voir tomber entre ses mains. Il harangue dabord les Citoyens de Corinthe au nom de la Ligue Achéenne, & les engage à en faire partie. Aussitôt Mégare située même au-delà de l'isthme de Corinthe, & deux villes de l'Argolide, Trezene & Epidaure, suivent cet exemple. Le Roi *Ptolemée Evergete*, qui deja précédemment avoit fourni des sommes à *Aratus*, devient allié de la Confédération; & le digne fondateur de la République est nommé successivement de deux années l'une à la première charge de la Magistrature qu'il occupa dix-sept fois, ne gouvernant pas moins dans les années d'intervalle. Attaquer le Monarque Macédonien hors du Peloponese, forcer tous les tyrans de la péninsule, soit par les armes, soit par la persuasion, à abdiquer leur pouvoir illégitime, étendre les limites de la Ligue Achaïque, introduire l'égalité la plus parfaite d'état & de droits entre toutes les villes qui en étoient membres, & entre tous les citoyens de chaque ville; tel étoit le plan auquel il se dévouoit avec une force d'ame, une assiduité, & un désintéressement dignes de la plus haute admiration.

Peu à peu les tyrans de Megalopolis, d'Argos, de Hermione & de Phliasis rendent la liberté à leurs sujets. Les guerres que les Achéens entreprirent, ou dans lesquelles ils furent entrainés, amenerent d'autres villes dans leur ligue. Mais en traçant l'origine de cette confédération je ne dois pas en écrire l'histoire; il suffit d'observer que cette République étendit au loin son empire, qu'elle se fit admirer par la simplicité de sa constitution, qu'elle forma bientôt l'Etat le plus considérable de la Grece, & qu'elle ne perdit sa liberté qu'avec tout ce pays, quand les Romains s'en emparerent dans la cent cinquante huitieme Olympiade, & qu'ils en firent une Province Romaine sous le nom d'Achaïe.

II. B. Origine *de la Ligue Suiſſe.*

En Suiſſe (*a*) ce mot de *Geſſler* à *Werner Stauffacher* : *Je ſuis poſſeſſeur de la contrée & de tout ce qu'elle contient*, eſt le ſignal de la révolte. Le citoyen indigné communique à ſon épouſe les paroles qu'il venoit d'entendre ; elle lui conſeille de conférer avec d'autres citoyens éclairés, courageux, & qui gémiſſoient ſous la même oppreſſion que lui. Auſſitôt-il part pour Uri où il n'entend que des plaintes ſur le gouvernement tyrannique de *Geſſler* ; il va trouver ſon ancien ami *Walter Furſt* & délibere avec lui ſur les moyens de délivrer la patrie. *Arnold* du *Melchthal*, le même que nous avons vu en Underwalden défendre ſon père de la violence des ſatellites de *Landenberg*, eſt invité ſecrétement de leur part à venir les joindre, & ces trois hommes remarquables ſe prêtent un ſerment mutuel d'employer toutes les reſſources qui dépendroient d'eux, pour rendre la liberté à leurs compatriotes, & ils conviennent d'engager chacun dans leur Canton autant de perſonnes qu'il leur ſera poſſible à entrer dans la confédération & à jurer de ſacrifier leurs biens & leur vie pour le ſalut de la patrie. Le ſecret devoit être inviolable juſqu'à ce qu'il fût temps d'agir. On choiſit un endroit près du lac d'Uri où eux trois accompagnés chacun de deux ou trois amis, ſe raſſembleroient pour tenir des délibérations ultérieures. Ayant arrêté tous ces points ils ſe ſéparent ; & de retour chez eux, ils réuſſiſſent à perſuader à beaucoup de leurs concitoyens de tout rang d'entrer dans la ligue.

Au mois d'Octobre 1307 douze des principaux confédérés s'aſſemblent à l'endroit indiqué ; & ils y auroient conclu dès lors de lever le masque, ſi ceux d'Underwalden n'avoient fait voir qu'il falloit commencer par s'emparer des deux châteaux que *Landenberg* occupoit dans leur Canton ; qu'il étoit dangereux de l'entreprendre à voie ouverte, & qu'il n'y avoit que le premier jour de Janvier qui parût propre à tenter ce coup par ſurpriſe. Ce jour fut donc fixé pour mettre en œuvre un projet qui annonçoit les plus grandes ſuites : on convient en même temps, pour donner des preuves de la pureté de ſes intentions, de ne faire violence à perſonne, excepté à ceux qu'on trouveroit les armes à la main, & de ne point ſe livrer au pillage, mais uniquement de détruire les châteaux.

La mort de *Geſſler* arrivée peu de ſemaines après cette conférence n'y apporta aucun changement. L'hiſtoire de *Guillaume Tell* qui en délivra ſa patrie eſt trop connue pour la rapporter au long. Sur ſon refus de ſaluer le chapeau du Gouverneur, érigé dans le marché d'Uri, il eſt condamné par ce tyran d'abattre à coups de fleche une pomme placée ſur la tête de ſon fils ; il l'execute heureuſement : mais un

(*a*) Voyez les mêmes Auteurs cités plus haut.

un mot lâché: *que s'il avoit manqué ſon coup une autre fleche auroit percé le cœur de Geſſler*, le fait condamner à une priſon perpétuelle. Le Gouverneur veut le conduire lui-même au château de Kuſſnach; un orage qui s'éleve ſur le Lac de Lucerne l'oblige de délier ſon priſonnier connu pour excellent rameur. Arrivé au rivage, *Tell* s'échappe de la barque & s'enfuit; il ſe met en embuſcade dans un chemin creux où *Geſſler* devoit paſſer, tire ſur lui & jette ce tyran par terre. La nouvelle de cette délivrance eſt d'abord portée par lui-même aux chefs de la confédération; il auroit été facile à ceux-ci de ſe ſaiſir des ſatellites de *Geſſler*, mais il valloit mieux attendre juſqu'à ce que les châteaux d'Underwalden fuſſent en leur puiſſance.

Enfin le jour du nouvel an arrive. Vingt payſans n'ayant que des batons dans leurs mains demandent d'être admis dans le chateau de Sarne pour offrir à *Landenberg* le préſent annuel de bétail & de fromage. Le Gouverneur qui les avoit rencontré en chemin, donne ordre qu'on les laiſſe entrer; auſſitôt ils arment leurs batons de pointes de fer qu'ils avoient tenu cachées; ils s'aſſurent des portes, trente de leurs compagnons qui ſe tenoient à une certaine diſtance accourent au premier ſignal & le château eſt pris. Celui de Rotzberg le fut également la nuit précédente, par l'intrigue d'un jeune-homme avec une fille qui y demeuroit, ce qui lui donna occaſion de faire entrer furtivement vingt de ſes camarades dans le fort, & de s'en emparer. La garniſon des deux Châteaux, & *Landenberg* lui-même dont on s'étoit ſaiſi, furent conduits aux frontieres avec tout ce qui leur appartenoit, & on ne les laiſſa partir qu'après leur avoir arraché le ſerment de ne jamais plus mettre le pied dans les Cantons. On commence tout de ſuite à démolir les châteaux; le *Joug d'Uri* & une autre fortereſſe dans le canton de Schweitz ſont pris avec peu de peine le même jour, & bientôt abbatus. Le dimanche ſuivant des Députés des trois Cantons, dégagés de toute entrave, s'aſſemblent, & un traité public & ſolemnel eſt conclu au nom de ces peuples pour dix ans, & confirmé par ſerment. C'étoit la même promeſſe de défenſe mutuelle de leurs droits, que les trois Chefs de la ligue s'étoient faite dès le commencement; enfin les frontieres du pays ſont miſes dans le meilleur état poſſible de réſiſtance.

On ſent combien tout ce qui venoit d'arriver devoit irriter l'Empereur *Albert*; mais la mort qui l'enleva peu de temps après, rendit nuls ſes projets de vengeance. Le règne de *Henri* de Luxembourg ſon ſucceſſeur eſt favorable aux Cantons. Ce Prince d'une autre Maiſon qu'*Albert*, n'avoit pas les mêmes prétentions, & ne regardoit pas la révolte des Suiſſes comme entamée contre les droits de l'Empire: auſſi ce Monarque confirma leurs priviléges & leurs donna des Gouverneurs impériaux qu'ils reſpecterent. En 1313 il fut empoiſonné. Les ſuffrages des Electeurs ſe partagerent entre *Louis* de Baviere & *Frederic* d'Autriche. Preſque toute l'Helvétie reconnoît celui-ci: mais les trois Cantons avoient trop eprouvé à leurs dépens ce qu'un Seigneur de cette maiſon étoit incliné à exiger

exiger d'eux, pour ne pas préférer d'obeir à *Louis*. *Frederic* déclare la guerre à ceux de Schweitz, sous pretexte d'un sacrilege commis contre Notre Dame des Hermites, dont on les accusa; mais le Duc *Leopold* son frere perd la fameuse bataille de Morgarten. Environ 1400 paysans des trois Cantons y remportent la victoire sur un corps de 20 mille Autrichiens; & immédiatement après, trois cents hommes d'Underwalden joints à cent de Schweitz obligent le Comte de Strasberg, à la tête de 4000 soldats, d'abandonner le Canton d'Underwalden. Ces actions eurent lieu vers la mi-novembre 1315.

Le besoin de se secourir reciproquement par une union intime s'étoit assez fait sentir de ces peuples, pour qu'ils pensassent à la resserrer. La Ligue de 1308. n'étoit formée que pour dix ans; on jugea à propos d'y substituer une perpétuelle qui fut conclue à Brunnen le 7 Décembre 1315, & du contenu de laquelle nous serons obligés de parler dans la suite. C'est cette alliance qui fait la base de l'union Helvétique.

Je ne dirai qu'un mot de ce qui arriva depuis. La guerre avec l'Autriche continua & dura longtemps. Dix-sept ans après le traité de Brunnen, Lucerne qui appartenoit à la Maison de Habsbourg, insultée, harassée par ses voisins, laissée sans défense, & accablée d'impôts par ses maîtres; fit sa paix particuliere avec les trois Cantons & entra dans l'alliance. La ville impériale de Zurich suivit cet exemple en 1351; une querelle avec son Magistrat dont elle craignit les suites, l'y amena, après avoir imploré envain le secours de l'Empereur *Charles* IV. Glarus fut occupé peu de mois après par les troupes des Cantons alliés pour prévenir les desseins du Duc *Albert* d'Autriche, & fut reçu dans la Confédération; ce ne fut pourtant qu'en 1395 que l'Abbesse de *Seckingen* permit à cet Etat de racheter les droits qui y appartenoient au monastere. Une indifférence difficile à concevoir porta le Duc *Albert* à conseiller à ceux de Zug, assiégés par les Suisses, de se donner à eux, pour n'être plus désolés par leurs armes; ce qu'ils firent un an après Glarus. Enfin une autre ville impériale, Berne, invitée par les alliés assemblés en diète à Lucerne d'entrer dans la Ligue, se rendit à leurs vœux, & forma le dernier des huit anciens Cantons. Chacun d'eux avoit fait au temps de sa réception ses conditions particulieres.

La Ligue ne souffrit point de grandes révolutions depuis 1352 que Berne y accéda jusqu'en 1481. Les huit Cantons après avoir conclu alors un nouveau traité à Stanz admirent dans leur alliance la ville de Fribourg, qui depuis peu de temps s'etoit rachetée de la Savoie, & Soleure ville impériale. Basse & Schaffouse autres villes impériales, dont la première se lassoit des insultes de la noblesse Suabe y accèderent en 1501. Ceux d'Appenzel, qui depuis plus d'un siècle s'étoient rachetés de l'Abbaye de Saint Gal, qui avoient alors été reçus par les Cantons dans un certain droit de co-bourgeoisie, & qui avoient ensuite servi dans la plûpart de leurs guerres, compléterent enfin en 1513 le nombre actuel des Confédérés de la Ligue Helvétique.

II. c. ORIGINE *de la Ligue Belgique.*

On aſſure qu'*Elizabeth* Reine d'Angleterre (*a*) a été la première à conſeiller au Prince d'Orange l'union qui ſe conclut à Utrecht, voulant fortifier par-là le parti des deux Provinces libres contre celles qui avoient réconnu au commencement de 1577 l'autorité de Don *Juan* d'Autriche. Quoiqu'il en ſoit de cette asſertion, *Guillaume* goûta un plan qui dût inévitablement ſe préſenter à ſes propres idées, comme on en conçut également le beſoin en Hollande & en Zélande. Auſſi le Prince employa dès-lors pluſieurs membres du Gouvernement à entamer des négociations ſur ce ſujet avec les quatre Provinces de Gueldre, d'Utrecht, de Friſe & d'Overyſſel. Pluſieurs raiſons contribuerent pourtant à faire languir ces conférences jusques vers le milieu de l'année ſuivante. Don *Juan* eſt dabord obligé à contre-cœur de faire partir les troupes Eſpagnoles: mais ayant conſervé les Allemandes, il viole bientôt la parole qu'il avoit donnée de remettre toutes les places fortes entre les mains des Etats, & il ſurprend le château de Namur. C'étoit rallumer une guerre générale dans les Pays-Bas. *Guillaume* en profite; il eſt réconnu Stadhouder à Utrecht, & réuſſit à faire pluſieurs conquêtes; partout on raſe les Forts, inſtrumens du deſpotiſme. Les Etats de Brabant informés qu'on va rappeller les Eſpagnols proclament le Prince *Ruward* ou Protecteur de leur Province. Jaloux de ſon autorité croiſſante, pluſieurs ſeigneurs invitent l'Archiduc *Matthias* à ſe charger du Gouvernement des Pays-Bas. Il arrive, Don *Juan* eſt déclaré ennemi de la patrie, & les Provinces Catholiques & Réformées ſe promettent dans une nouvelle union une défenſe mutuelle. On fait enſuite prêter à l'Archiduc ſerment au Roi, & promettre le maintien de la Pacification de Gand; mais oûtre qu'on borne ſon autorité à tel point qu'il ne peut rien entreprendre ſans des Conſeils que les Etats forment pour l'aſſiſter, on nomme le Prince d'Orange ſon Lieutenant Général.

On ſent aiſément que dans la ſituation où *Guillaume* venoit d'être placé, il ne pouvoit plus être porté comme auparavant à lier la Hollande & la Zélande avec les Provinces voiſines. Non ſeulement ſon ſéjour en Brabant l'éloignoit de l'endroit où cette affaire devoit être traitée; mais l'intérêt des Pays qui profeſſoient l'une ou l'autre réligion n'étoit plus ſéparé, & ils s'étoient unis de nouveau par une Ligue défenſive. Aucun parti ne reſpectoit plus les loix du Gouverneur de *Philippe*; au contraire *Matthias* & le Prince d'Orange ſous lui étoient générale-ment

(*a*) Voyez outre les Hiſtoriens généraux BONDT *Hiſt. Unionis Ultraj.* & VAN DE SPIEGEL *Vertoog over de Betrekking van Johan Graaf van Naſſau tot de Unie van Utrecht*; dans le ſecond Volume de ſon *Bundel van onuitgegeeven Stukken.*

ment réconnus: la Pacification de Gand étoit plus que rétablie; c'eût donc été une mauvaise politique de la part de *Guillaume* de vouloir unir dans ces circonstances quelques Provinces plus intimement ensemble qu'elles ne l'étoient toutes. A la tête des Pays-Bas, c'eût été marquer une méfiance trop ouverte pour une partie des peuples qui l'avoient élevé à sa charge éminente. Mais bientôt les affaires prirent une autre face.

Le célebre *Alexandre Farnese*, Prince de Parme, ramêne vers le commencement de l'année 1578 les vieilles bandes Espagnoles & Italiennes; il gagne sur les troupes des Etats la victoire de Gemblours, & se fait redouter par la conquête de plusieurs places du Brabant & du Hainaut; conquêtes néanmoins qui ne purent contrebalancer la perte d'Amsterdam, qui venoit de faire son traité avec le Prince. Elle se stipula l'exercice exclusif du culte Catholique; mais une révolution arrivée peu après y rendit la réligion Reformée dominante. Celle-ci fit partout d'étonnans progrès, & l'intolérance ainsi que le pouvoir des Moines diminua même dans les Provinces Catholiques.

L'Archiduc & le Conseil d'Etat pressés par deux requêtes des Réformés qui demandoient un libre exercice de leur culte proposent une paix de réligion, qui, au lieu de concilier les deux partis sur cet Article, n'est goûtée d'aucun. Quelques Provinces & villes s'y conforment pourtant; dans d'autres les Réformés s'emparent par des moyens violens de la liberté qu'ils demandoient. Gand étoit un théatre de désordres, & on y observoit la Pacification moins que partout ailleurs. Les Etats des Provinces Wallonnes, qui ensemble avoient sept voix dans l'assemblée des Etats Généraux, plus attachés que les autres au culte Catholique, ne virent cette infraction d'un traité, auquel ils avoient pris part, que d'un œil mécontent & réfuserent de payer leur contingent à la caisse destinée à l'entretien des troupes; une guerre civile entre ces Provinces Wallonnes & les Gantois, que l'Archiduc & les Etats tenterent vainement d'appaiser, en fut la suite immédiate.

Cette nouvelle rupture de l'union genérale fit renaître en *Guillaume* le projet de l'union particuliere qu'il avoit négligé pendant quelque temps. Plus le lien qui réunissoit toutes les Provinces s'étoit relâché, plus la nécessité d'une union plus intime entre quelques-unes se manifestoit. D'ailleurs Don *Juan* étoit maître de plusieurs villes du Brabant, & les peuples de Hollande & de Zélande avoient trop d'intérêt à ce qu'il ne perçât pas plus avant, pour ne pas désirer qu'on mît en œuvre tous les moyens de l'en empêcher. Une Confédération avec les Etats voisins n'en étoit pas un des moins efficaces. L'occasion de la former n'avoit jamais été aussi favorable. Depuis la composition d'Amsterdam toute la Hollande obéissoit aux loix de *Guillaume*; l'Evêché d'Utrecht l'avoit nommé son Stadhouder; la Réforme étoit établie en Gueldre; la Frise, Groningue, le pays de Drenthe & une partie de l'Overyssel n'appartenoient plus à l'Espagne, & s'étoient joints aux Etats Généraux. Le Prince profita de ces avantages: mais quelque nécessaire que lui

lui parût l'union qu'il méditoit, il n'osa pas encore avouer directement l'intérêt qu'il y prénoit, ni entamer en personne les négociations qui devoient la faire naître. La crainte de devenir suspect à l'Archiduc & aux Etats le retint. Il confia donc cet important ouvrage aux soins de son frere le Comte *Jean* de Nassau, élu depuis peu Stadhouder de Gueldre, homme de tête, & de la plus grande activité.

Ce Comte, longtems auparavant dans les secrets de *Guillaume*, connoissoit toute l'importance qu'il mettoit à l'union; aussi dès son avénement au Stadhouderat de Gueldre, il envoya au mois de Février en 1578 son secrétaire aux Etats de Hollande & de Zélande, pour traiter avec eux d'une alliance avec la Province qu'il gouvernoit; mais comme nous l'avons dejà remarqué, le moment favorable n'étoit pas encore venu. Le 16 de Juillet, le secrétaire du Comte écrivit une nouvelle lettre au nom de son maître aux Etats des deux Provinces, pour leur conseiller l'alliance avec la Gueldre, à laquelle il espéroit que ceux d'Overyssel & de Frise voudroient bien acceder. „ Namur, le Luxembourg & le pays „ de Limbourg (c'est le motif dont il se sert pour les y engager,) sont de- „ jà, au pouvoir de l'ennemi; il est à craindre que l'Artois & le Hainaut n'y „ succombent dans peu. Des dix-sept Provinces il n'en restera donc pas assez „ pour faire résistance, à moins qu'on ne s'unisse de ce côté-ci pour y mieux „ réussir " (*a*). Mais des difficultés qu'on entrevit encore dans ce projet en Hollande & en Zélande, quoique l'idée leur en eût plu depuis bien longtemps, retarderent encore une conclusion directe & favorable de la part des Etats.

Au commencement de Septembre le Comte de Nassau parut lui-même dans leur assemblée, & leur recommanda l'union, avec tant d'éloquence qu'ils députerent le lendemain quelques membres à Arnhem où l'on tenoit une diète. Il y vint aussi des Zélandois. La Province d'Utrecht avec laquelle *Jean* avoit traité dès le commencement de Juillet y envoya également des Députés; la Gueldre y avoit naturellement les siens. Enfin le Comte de *Renneberg*, Stadhouder de la Frise, d'Overyssel, Groningue & du pays de Drenthe, y assistoit, & le frere de *Guillaume* dirigeoit tout. Il paroit qu'on y a dressé le premier plan en forme de l'union, & que le premier secrétaire du Comte de Nassau, *Everard de Reyd*, en a été l'auteur. Les Députés retournerent chez eux pour offrir ce plan aux délibérations des Etats respectifs. La Province d'Utrecht semble l'avoir agréé avant les autres. En Gueldre il y eut bien des membres qui mirent de l'obstacle à son approbation, & les Provinces que gouvernoit *Renneberg* vouloient absolument qu'elle précédât, avant d'y donner leur propre consentement.

Le Prince d'Orange qui déguisoit dejà moins qu'auparavant la part qu'il prenoit à ces négociations, convoqua vers la fin de Novembre les Etats de Hollande & de

(*a*) Van de Spiegel, *Bundel van onuitgegeeven Stukken* I. 33.

de Zélande à Gorinchem, & y envoya son Trésorier *Jâques Taffin.* Le Comte de Nassau s'y rendit aussi, & ces deux personnages y démontrerent de nouveau l'utilité de l'union de la maniere la plus convaincante, & inviterent les Etats à envoyer des Députés à Utrecht, où ceux des autres Provinces s'étoient assemblés. Aussitôt l'union y est approuvée, & les Ambassadeurs nommés. Les Etats de toutes les Provinces n'y avoient cependant pas envoyé de leurs membres, ou ceux-ci ne se trouvoient pas munis d'instructions assez amples; mais ceux de la Hollande, de la Zélande & d'Utrecht qui avoient consenti à l'union ne voulurent pas que l'affaire trainât plus longtemps. Ils conclurent donc le 6 Décembre, avec les Ommelandes Frisonnes, les principaux points de la Ligue, tandis que les Députés des autres Provinces donnoient les plus belles promesses de s'y joindre. Il falloit encore à ceux qui avoient signé, la ratification de leurs maîtres: l'ayant obtenue, ils retournerent vers le milieu de Janvier 1579 à Utrecht, où ils trouverent le Comte de Nassau accompagné de quelques Députés de Gueldre. On signe de nouveau le Traité qui est proclamé solemnellement le 29 du même mois. Le Comte y mit son nom à la tête des autres.

Cette union, dont nous avons fait voir la nécessité à bien des égards, le devint encore davantage par une Ligue que les Provinces d'Artois, de Hainaut & de Douai, mécontentes d'un accord que le Prince venoit de faire avec la ville de Gand au sujet de la Réligion, conclurent ensemble le 6 de Janvier, & dans laquelle elles se promirent le maintien de l'union de Bruxelles, de la réligion Catholique, de l'obéissance au Roi, & de la Pacification de Gand, ainsi que l'exclusion de la paix de réligion. D'ailleurs le Duc de Parme, Général du premier ordre, avoit remplacé Don *Juan* d'Autriche dans le Gouvernement, & les troupes auxiliaires avec lesquelles le Duc d'*Anjou*, élu protecteur des Pays-Bas, & le Duc *Jean Casimir* envoyé par la Reine *Elizabeth*, avoient grossi l'armée des Etats, étoient retournées chez elles avec ces Chefs.

A peine l'union fut-elle conclue, qu'on établit à Utrecht une assemblée de Députés des Provinces qui en faisoient partie. Le Comte de Nassau fut nommé Directeur de l'union pendant l'absence du Prince son frere, & en effet comme son Lieutenant. Deux Conseillers lui furent adjoints. Au mois de Mars les Gueldrois qui, dans le temps que leurs Députés avoient signé le traité, n'y avoient pas encore pleinement consenti y accéderent après qu'on leur eut accordé quelques conditions. Dans l'Evêché d'Utrecht la ville d'Amersfoort fut contrainte par les armes du Comte à l'accepter. En Frise il y eut bien des dissensions sur ce point; quelques villes & Baillages y consentirent dabord, d'autres s'y refuserent; tous les quartiers & toutes les villes agréerent pourtant la confédération avant la fin du mois de Juillet. Le Prince d'Orange le fit ouvertement par une lettre écrite d'Anvers le 13 Juin, dans laquelle il assure n'avoir différé de la réconnoître que par ce qu'il avoit espéré d'y engager tous les Pays-Bas; que maintenant il ne trouvoit plus de difficulté à le faire, puisque l'Archiduc & beaucoup de Pro-

 vinces

vinces l'avoient approuvée, & que l'autorité du premier n'étoit bornée par-là en aucune maniere.

Le Comte de *Renneberg* suivit le même exemple environ un mois après; il ne le fit pourtant pas au nom des Provinces qu'il gouvernoit, mais dans sa qualité de Stadhouder, quoique les habitans de la Groningue considérerent la chose sous un autre point de vue, & se crurent entrainés malgré eux dans l'union. Ceux d'Overyssel n'y entrerent qu'au printemps de l'année suivante. Le Prince leur fit prêter serment au Roi, comme Seigneur de cette Province, aux Etats Généraux, ou à ceux qui s'étoient liés plus étroitement, à l'Archiduc *Matthias*, au Prince, & aux Etats particuliers d'Overyssel. Les Drenthois y accéderent environ dans le même temps. Non seulement des Provinces, mais aussi de simples villes se joignirent à l'union; Telles furent Gand, Ypres, Anvers, Breda, Bruges avec son Baillage & Lier. Mais la guerre avec l'Espagne les en arracha dans la suite, aussi bien que le pays de Drenthe, & les sept Etats qui encore aujourd'hui forment ensemble la République des Provinces-Unies, resterent bientôt seuls les Membres de cette illustre Ligue.

II. D. COMPARAISON *de l'Origine de ces Ligues.*

Nous venons de tracer l'origine des trois Confédérations; tâchons d'en découvrir les rapports & les différences. En général les remarques suivantes se présentent au premier coup-d'œil.

En Achaïe & en Suisse il falloit commencer par délivrer les Villes & les Cantons du pouvoir de l'oppresseur, tandis que dans les Pays-Bas les Provinces ne se trouvoient plus pour la plus grande partie sous l'autorité de *Philippe.* Il est vrai qu'on y fit aussi quelques conquêtes pendant le cours des négociations: mais ces conquêtes sont, pour ainsi dire, indépendantes de l'union, & celle-ci se seroit faite sans leur secours.

En Suisse la ligue se forme rapidement; les trois Cantons s'unissent pour enlever les forteresses aux Gouverneurs d'*Albert*, & ayant exécuté ce dessein quelques mois après, ils renouvellent & fortifient cette confédération qui est enfin rendue perpétuelle à Brunnen. En Achaïe au contraire la Ligue marche d'un pas lent & indécis: Des onze villes qui composoient ce peuple, deux seulement conviennent de chasser leurs tyrans & les troupes étrangeres; elles y réussissent & restent unies; deux autres suivent leur exemple & se joignent à elles; après cinq ans d'intervalle, le reste des villes s'y associe successivement: une seule demeure toujours inébranlable.

lable. Dans les Pays-Bas on n'obſerve ni la rapidité des Suiſſes, ni la lenteur des Achéens; il s'agit d'unir quelques Provinces plus intimément qu'il n'avoit été poſſible de l'opérer à la Pacification de Gand: des circonſtances ſurvenues arrêtent les négociations; on les renoue enſuite, & deux ans après qu'on y eut penſé pour la premiere fois la Ligue eſt conclue; le nombre des confédéres obtint dans peu de temps ſa perfection.

L'union ne ſe borne pas en Achaïe aux dix ou onze villes de cette contrée, ni en Suiſſe aux trois Cantons; mais après quelques années écoulées l'une s'étend dans tout le Péloponeſe & même au-delà, l'autre dans toute l'Helvétie. Les Provinces & les Villes Belgiques au contraire, qui forment la confédération perdent plutôt dans la ſuite des aſſociés qu'elles n'en acquierent de nouveaux.

Enfin, dans les Pays-Bas un ſeul Chef, ayant un Lieutenant ſous lui, produit & dirige cette union; en Suiſſe chaque Canton a ſon Chef particulier, qui enſemble opérent la Ligue: mais en Achaïe l'alliance eſt conclue, ſans qu'au commencement aucun homme diſtingué ou connu ſe ſoit mis à la tête des affaires, & cet *Aratus* que l'on conſidére comme le fondateur de la République Achéenne ne ſe montre que quand il eſt queſtion de faire entrer dans cette ſociété des peuples, qui jusqu'alors n'avoient eu aucune liaiſon avec les Achéens.

Rapprochons maintenant ces différents Chefs, & les autres traits de comparaiſon entre l'origine de ces trois Ligues ſe feront ſuffiſamment ſentir. Aucun d'eux ne s'eſt élevé d'une condition baſſe & vulgaire au rang qu'il occupa depuis. *Aratus* eſt le fils d'un Magiſtrat de Sicyon. En Suiſſe ce ſont des Magiſtrats reſpectables, dont deux ou un du moins ont eu des ayeux employés aux premières charges de leurs Cantons. Nommer le Prince d'Orange & le Comte ſon frère, c'eſt faire naître le reſpect qu'on doit à un ſang illuſtre.

Presque tous ont ſouffert de la tyrannie qui accabloit leurs concitoyens. *Aratus*, *Arnold du Melchthal* & *Guillaume* ont été obligés d'abandonner leur patrie, & leur vie s'eſt trouvée dans le plus grand danger. On aſſaſſina même le père du premier; on créva les yeux à celui du ſecond, & le fils aîné du troiſième fut enlevé & conduit en Eſpagne. *Werner Stauffacher* éprouva auſſi des duretés de la part du Gouverneur Autrichien.

Tous ont des obſtacles à peine ſurmontables à vaincre, avant que de pouvoir établir l'union qu'ils méditoient. *Aratus* doit arracher ſa ville natale à *Nicocles* qui l'occupe; il eſt vrai qu'il trouve alors une confédération toute prête pour le recevoir: mais ſon plan étoit beaucoup plus vaſte. Il y veut aſſocier le Péloponeſe entier, & il falloit contraindre presque chaque ville à ôſer être heureuſe. Les trois Chefs de la ligue Suiſſe doivent également ſe rendre les maîtres de quelques châteaux; il leur faut la circonſpection la plus ſcrupuleuſe pour s'aboucher, pour s'ass'affocier des hommes de confiance, & le fecret le plus inviolable pour empêcher la publicité de leur deffein. Ils ont enfuite à craindre que malgré le fuccès du plan, ils ne fuccombent à la fin fous le bras vengeur d'*Albert*. *Guillaume* lorsqu'il projette l'union a déjà foutenu pendant plufieurs années une guerre qu'on auroit cru téméraire d'entreprendre. Il fe trouve encore au milieu de cette guerre, & ne peut en prévoir l'iffue. Il penfe à affocier des Provinces qui n'ont ni la même réligion, ni la même forme de Gouvernement, ni les mêmes reffources, qui ne peuvent fe réfoudre à rompre ou affaiblir des liaifons antérieures, & dans quelques unes desquelles l'ennemi commande encore en partie.

Tous les Chefs, dont je parle, peuvent être nommés les auteurs des trois Ligues. Si *Aratus* voit déjà quelques villes unies enfemble, ce n'en étoit pas moins une idée auffi grande que neuve, de vouloir y affocier toute une Péninfule, dont plufieurs Provinces furent pour ainfi dire étrangères aux Achéens. Les trois citoyens Suiffes concertent leur Ligue enfemble, & la font enfuite goûter de leurs Compatriotes. *Guillaume* après n'avoir fait qu'un corps de la Hollande & de la Zélande, après avoir affocié celles-ci avec les autres Provinces par la Pacification de Gand, tâche enfin d'en unir quelques unes plus intimément & avec plus de folidité.

Tous fe fervent de la rufe & de la politique auffi bien que des armes pour parvenir à leur but. D'abord *Aratus* s'empare de Sicyon par la furprife. Chef de la République Achéenne, il ne ceffe tantôt de fe rendre maître des villes Grecques par la corruption, tantôt de récompenfer libéralement les Tyrans qui abdiquoient de bon gré; tantôt d'ufer de promeffes, de menaces & des armes envers ceux qui ne veulent pas fe prêter à fes deffeins. C'eft également par une rufe que les Chefs Helvétiens s'emparent des châteaux occupés: mais il eft incertain qu'elle part ils aient pris à la guerre dans laquelle leur patrie fut enveloppée par ce moyen. Le Prince d'Orange fait jouer tous les refforts de la politique pour donner l'exiftence à l'Union d'Utrecht; il y travaille fans vouloir qu'on le fache; il fe fert d'un frère habile & actif pour négocier avec les Provinces, tandis que lui-même qui eft l'ame de tout, ne fe déclare le protecteur de la Ligue qu'après qu'il la voit établie fur un pied ferme. Ce frère voyage, follicite, preffe, perfuade, contraint même quelques villes à accepter l'Union.

Aratus & *Guillaume* ont oûtre ce que nous venons de dire des traits marqués de reffemblance, dont nous nous contenterons de développer les principaux. L'un & l'autre haïffant la tyrannie dont ils avoient éprouvé la rigueur, le premier dans fon enfance, le fecond dans un âge plus mûr, fe trouvent placés à la tête d'une République que *Guillaume* fonde, & à laquelle *Aratus* donne un nouvel effort. Tous deux fe font refpecter, adorer de leurs concitoyens, quoique l'envie ne manque pas de lancer quelquefois fes traits fur eux. Rendre la liberté aux peuples opprimés, en étendre l'empire auffi loin que poffible, prouver à des Provin-

ces

ces & à des villes séparées que leur intérêt les porte à faire cause commune, étoit le grand ouvrage auquel ils ne cessoient de travailler: quoique le libérateur de la Grèce eût plus en vue l'égalité démocratique, & celui des Pays-Bas un Gouvernement quelconque mais modéré. Ils se font également obéir par leur crédit: mais *Aratus* sans donner la moindre atteinte à la liberté établie, *Guillaume* en se faisant insensiblement conférer l'autorité suprême. Généreux l'un & l'autre, ils avoient sacrifié leurs vies, & vendu des choses de prix qui leur appartenoient, pour commencer ou continuer une guerre qui n'avoit d'autre but que de délivrer leurs compatriotes d'un joug insupportable. Excellens guerriers, le premier brilloit davantage par les ruses, & fut plus heureux; l'autre qui ne l'étoit pas tant, & qui n'eut pas toujours l'occasion d'employer l'artifice, n'en sut pas moins conquérir des Provinces, & les maintenir dans les droits dont elles s'étoient de nouveau acquis la jouissance. Profonds politiques, ils eurent l'art d'amener tout au but qu'ils se proposoient. Sages & éloquens dans les conseils, affables envers leurs amis, réservés & silencieux quand la prudence le dictoit, ils se concilièrent l'admiration générale, tandis qu'ils inspiroient de la crainte à tous ceux qui vouloient du mal à la République. Enfin un poison lent, & le poignard d'un assassin, commandés par les Souverains dont ils avoient restreint l'autorité, les enlèverent l'un & l'autre beaucoup trop tôt à une patrie allarmée.

Disons encore un mot de l'Union-même. Je trouve dans l'origine de celle des Suisses une simplicité & une noblesse que je perds dans les deux autres. Du premier instant qu'on le leur fait sentir, les habitans des trois Cantons connoissent leurs vrais intérêts, & les Chefs n'ont pas besoin, comme en Achaïe & dans les Pays-Bas, de détours ou de force pour les leur enseigner. Pendant plusieurs mois un secret confié à beaucoup de monde, & dont tout dépendoit, est inviolablement gardé. On procede à l'exécution du projet avec un calme & un sang-froid étonnant, & l'on y forme le beau dessein de ne commettre d'autre violence que celle qui étoit pleinement justifiée par les torts qu'ils éprouvoient. La Bataille de Morgarten prouva ensuite que leur bravoure ne se bornoit pas à surprendre quelques châteaux par artifice, & qu'ils savoient défendre opiniatrement ce qu'ils venoient de s'acquérir au plus juste titre. La Ligue Achéenne ne se forme presque au commencement que par la force de l'exemple, & on y voit se commettre quelques excès peut-être peu nécessaires; quand *Aratus* s'en mêle, elle se distingue par sa fermeté & par l'esprit de conquêtes. L'Union d'Utrecht ne se forme qu'après un changement continuel de plans, de circonstances, de volontés, d'intérêts vrais ou supposés; mais aussi un ennemi entreprenant & redoutable ne cesse pendant le cours des négociations de faire des progrès dans le pays; au lieu qu'*Antigone* & *Albert* laissent aux peuples Grecs & Helvétiens le loisir de faire tout ce qui leur plait.

Au reste on ne sauroit comparer l'entrée successive des dix Cantons Suisses dans la Ligue des trois Cantons primitifs, avec celle que les villes du Péloponese firent dans la Ligue Achaïque; les premiers n'accédant à cette Union que guidés chacun par un motif différent, les autres ayant à lutter contre la même oppression qu'éprouvoient toutes les villes de l'Achaïe.

La nature de ces différentes Ligues est le troisième point que nous avons à développer & à comparer.

III. A. NATURE *de la Ligue Achaïque.*

Il n'existe aucun traité d'Union entre les villes Grecques, qui nous soit un garant fidèle de la nature de la Ligue Achéenne: il faut donc nous contenter de ce que quelques traits isolés des auteurs anciens ont pu nous en apprendre.

Un passage de *Polybe* (*a*) est pour ainsi dire le lieu classique dans cette matière: „ *Les Peuples du Péloponese*, dit-il, *ne se sont pas seulement alliés par un traité* „ *social & d'amitié, mais ils se servent des mêmes loix, de la même mesure &* „ *de la même monnoie; leurs Magistrats, leurs Sénateurs, leurs Juges sont les* „ *mêmes: enfin le Péloponese entier ne feroit presque qu'une seule ville, si les* „ *habitans ne demeuroient pas dans l'enceinte de différentes murailles.*" Un peu plus bas il donne pour raison de leur accroissement prodigieux, & du succès qui a couronné leurs entreprises, que *dans aucune société d'hommes l'égalité de droits, la liberté, & en un mot le vrai systéme de Démocratie, & des établissemens plus solides, n'ont eu lieu que chez les Achéens.* Tout cela nous indique assez clairement que comme les douze villes de l'Achaïe n'avoient fait anciennement qu'un seul peuple, elles ont, après quelques années de division, repris leur ancienne forme de gouvernement, peut être avec très peu de différence, & que les autres villes de la Péninsule, qui dans la suite se sont jointes à elles, ont abandonné leur constitution antérieure pour embrasser celle des Achéens, & pour former avec eux la même nation.

Chaque ville avoit donc son propre Conseil, ses Magistrats & ses Juges. L'étendue de leur pouvoir ne nous est pas connu; mais la Démocratie étant établie généralement, il est certain que le peuple tenoit des assemblées, y délibéroit des affaires de conséquence, & y choisissoit à des époques fixes ses Magistrats. Ceux-ci

(*a*) *Lib. II. p.* 174. Au reste le meilleur traité sur la constitution Achaïque est celui d'UBBON EMMIUS *in Græcia Veteri*, que nous avons cité.

ci où les citoyens de la ville pouvoient ſans doute faire quelques réglemens domeſtiques; mais comme les loix étoient les mêmes dans tout le pays, il eſt évident qu'ils étoient aſſez bornés à cet égard, & que pour dire le vrai, chaque peuple s'étoit déſiſté de ſa ſouveraineté particulière, pour obtenir avec les autres peuples enſemble la ſouveraineté générale. Ils s'étoient reſervés bien moins d'autorité dans les affaires étrangères, puiſqu'il ne leur étoit pas permis d'envoyer des Ambaſſadeurs de l'enceinte de leurs villes à un Prince voiſin, & celui-ci quand il s'agiſſoit de traiter avec les Achéens ne connoiſſoit que la République dans ſa totalité.

Le Conſeil Général s'aſſembloit deux fois par an dans le bois d'*Ægium*, & quelquefois auſſi dans d'autres Villes. Des Députés de chaque partie de l'Etat devoient s'y rendre, & le pouvoir ſuprême réſidoit dans cette aſſemblée. Ces Députés y votoient probablement ſelon que le cas le leur paroiſſoit exiger, & non pas ſelon les inſtructions dont leur ville les muniſſoit. Il paroît auſſi que la pluralité de voix y décidoit; l'unanimité étoit pourtant réquiſe quand un nouveau Confédéré demandoit d'être agrégé (*a*). Ceux qui ne vouloient pas participer à une réſolution pouvoient s'abſenter avant qu'on en vînt à la levée des voix. On étoit obligé de donner par écrit le lendemain ce qu'on avoit opiné de bouche. Les réſolutions étoient gravées ſur une colonne, ou ſuſpendues dans un lieu ſacré, ou confirmées par un ſerment.

On traitoit dans ce Conſeil National de la guerre, de la paix & des alliances; on y recevoit les Ambaſſadeurs étrangers, & on y nommoit ceux qui devoient traiter ailleurs au nom de la République. Dans l'aſſemblée du printemps on choiſiſſoit les Magiſtrats annuels auxquels le pouvoir exécutif de l'Etat étoit confié. Tels étoient le Général avec dix Aſſeſſeurs connus ſous le nom de Δημιουργοί, & un Secrétaire. Le Général étoit l'ame des affaires (*b*). En temps de guerre c'étoit lui qui commandoit les troupes, & alors ſon autorité étoit presque ſans bornes. Pendant la paix il convoquoit les aſſemblées nationales dans l'endroit qu'il jugeoit à propos. Il y préſidoit avec ſes co-régens, & de l'agrément de la pluralité de ces Magiſtrats il y propoſoit les points de délibération, & donnoit ou réfuſoit la permiſſion de s'adreſſer au Conſeil. Enſemble ils introduiſoient ceux qui demandoient de traiter avec cette aſſemblée, leur ordonnoient de parler, & dirigeoient les délibérations. Une guerre ſurvenue à l'improviſte ou des alliances à faire avec des Puiſſances voiſines juſtifioient ſeules les aſſemblées extraordinaires, qui pouvoient être convoquées dans ce cas par le Général & ſes Aſſeſſeurs. Ils n'étoient pourtant pas les maîtres d'y faire d'autres propoſitions que celles pour

(*a*) Schoockii *Achaia vetus.*
(*b*) Au commencement on élût deux Généraux annuels; mais dejà avant le temps d'*Aratus*, on s'étoit borné à un ſeul.

pour lesquelles le Conseil étoit convoqué. Encore obligeoit-on les Ambassadeurs qui exigeoient ce Conseil extraordinaire de donner leur commission par écrit.

Il est encore fait mention outre cela d'assemblées particulières, composées des Magistrats de quelques villes; mais ce qui y étoit arrêté, n'obligeoit pas la nation entière, à moins qu'on ne l'eût confirmé dans un Conseil Général. Une seule fois dans un cas de la dernière importance, on convoqua tous les Achéens au-dessus de l'âge de trente ans: mais une telle assemblée devoit être trop nombreuse pour qu'elle pût répondre au but qu'on s'étoit proposé en la formant.

L'Etat Achaïque ne pouvoit donc porter le nom d'une République fédérative, qu'autant qu'elle consistoit de parties qui s'étant gouvernées auparavant selon des loix différentes, s'étoient réunies dans un seul Corps. Elle étoit Démocratique, pour autant que le peuple choisissoit ses Magistrats, & les Députés qui le représentoient au Conseil Général; mais le pouvoir, mis entre les mains de ces Députés, de voter selon leurs propres lumières, rendoit en effet l'Achaïe un Etat Aristocratique, & le Conseil national semblable à la Chambre des Communes de l'Angleterre.

III. B. Nature *de la Ligue Helvétique.*

En examinant la Nature de la Ligue Helvétique, il ne s'agit pas de développer la constitution présente de cette République; nous n'avons simplement qu'à parler au Traité de Brunnen qui est la bâse de l'union des Suisses.

Les Traités particuliers que chaque Canton, en s'y joignant, fit avec les trois premiers, n'ont aucun rapport à notre plan, puisque comme nous l'avons remarqué plus haut, des raisons totalement différentes les y engagerent.

Voici les principaux Articles, dont on convint à Brunnen (*a*). „ Ceux d'Uri, Schweitz & Underwalden s'y engagent par serment à s'assister toujours mutuellement de conseils, de bras & de biens, ainsi qu'à leurs propres dépens contre tous ceux qui ôseroient attaquer leurs personnes ou ce qui leur appartenoit, & à tâcher de rétablir ceux qui auroient dejà essuyé quelques torts dans tout ce qu'ils venoient de perdre. Il ne seroit permis, ni aux trois Cantons, ni à aucun des habitans, de se donner à un Maître, sans le consentement des autres. On obéïroit pourtant à ceux qui jouissent dejà de quelques droits dans les Cantons, à moins qu'ils ne s'en soient montré les ennemis ou „ les

(*a*) Le Traité se trouve dans Simler, *Loc. cit. p.* 10.

„ les oppresseurs. On ne prêteroit même aucun serment, ni on ne s'engageroit de „ quelque manière que ce fût à un étranger, & on ne tiendroit aucune confé„ rence avec lui sans la volonté générale. Celui qui agiroit contre cet accord „ seroit reputé parjure, & sa personne & ses biens seroient livrés aux Cantons. „ On convient en même temps de n'admettre aucun juge étranger, ni qui ait „ acheté sa charge. En cas de dissension ou de guerre entre les Confédérés, les „ citoyens les plus sages doivent se rassembler & appaiser la querelle, soit ami„ calement, soit selon le droit; & en cas qu'une des parties ne veuille pas se „ soumettre à leur décision, les Confédérés assisteront l'autre au détriment de la „ première. Pareillement en cas de guerre entre deux Cantons, le troisième se „ joindra à celui d'entre eux qui aura voulu se prêter à une composition amicale, „ ou à une décision de droit contre l'autre qui aura refusé ces moyens. Il n'étoit „ permis à aucun habitant de ces contrées de secourir ou de cacher un meurtrier „ d'un de ses Confédérés, ni un incendiaire, sous peine d'exil dans le premier „ cas, & de payer les dommages dans le second. Chacun pouvoit nommer le ju„ ge devant lequel il vouloit que sa cause fût traitée; mais l'ayant choisi, il „ falloit lui obéir, à moins de satisfaire à ses Confédérés pour tous les dommages „ qu'ils auroient essuyés par-là."

L'Union Helvétique ne lioit donc les trois Cantons qu'autant que le besoin de se défendre mutuellement l'exigeoit. Chaque Canton, quelque ressemblance au reste que leur forme de gouvernement pût avoir, n'en devint pas plus soumis à l'autre; il est vrai qu'en faveur de l'espoir d'une défense mutuelle, ils se désistèrent de quelques droits de souveraineté, surtout dans ce qui regarde l'étranger, & dans les dissensions à naître entre eux mêmes: mais essentiellement le pouvoir suprême resta entre les mains de chacun d'eux.

En général cette Ligue ne changea, pour ainsi dire, l'état antérieur de ces peuples qu'en ce qu'elle transforma leur alliance, moins ferme jusqu'ici & rénouvellée de temps en temps, en une alliance perpétuelle, & qu'elle y ajouta quelques articles amenés par les circonstances.

Dejà du commencement de la conspiration, nous avons vu quatre Députés de chaque Canton s'assembler & délibérer ensemble. Le lendemain de la surprise des châteaux Autrichiens, ce sont encore des Députés qui, au nom de leurs maîtres, concluent un traité pour dix ans. A Brunnen ce ne pouvoit être que la même chose, puisqu'il est dit que les Confédérés mirent leurs sceaux à la formule de l'alliance; ce qui prouve assez que tout le peuple ne s'y est pas réuni. Les intérêts communs rendoient de nouvelles conférences souvent nécessaires. Des Députés y parurent toujours; & ce qui a eu lieu dans la suite fait croire avec assez de probabilité que dès l'origine leurs Commettans les munirent d'instructions, & que les affaires de conséquence ne se décidoient pas par la pluralité de voix. Au reste

reste les Cantons continuerent, même après cette alliance, de réconnoître la souveraineté de l'Empereur.

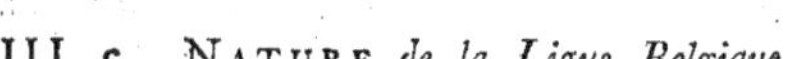

III. c. NATURE *de la Ligue Belgique.*

De même que les Articles du Traité de Brunnen nous ont fait connoître la Nature de la Ligue Helvétique, ainsi ceux de l'Union d'Utrecht doivent nous enseigner la Nature de la Confédération Belgique (*a*). Rapportons-en les principaux: „ Les Provinces s'allient à perpétuité, comme si elles n'en formoient qu'u„ ne seule, sans permettre qu'on les sépare par aucun traité, sans infraction ce„ pendant aux privilèges & aux usages de chaque Province, Ville, Membres & „ habitans. Elles s'engagent à s'assister les unes les autres de corps & de biens. „ Les différends qui pouroient naître au sujet de ces droits entre les Membres de „ l'Union doivent être décidés par le juge ordinaire, par des arbitrages, ou à „ l'amiable, sans que les autres ayent à s'en mêler, sinon par la voie de la mé„ diation. Les Provinces doivent se sécourir, au péril de la vie & des biens de „ leurs habitans, contre toute violence qu'on voudroit leur faire au nom du „ Roi, ou de sa part, sous quelque prétexte que ce soit, de même que contre „ tout autre qui leur feroit la guerre, ou une injustice, à condition que dans „ ce cas le secours soit spécifié par la Généralité de l'Union avec connoissance „ de cause & suivant les occurrences. Il dépendra de la Généralité de fortifier „ les villes frontières & autres, ainsi que de construire de nouveaux forts dans „ les Provinces; mais dans le dernier cas, elle en payera seule les frais, tandis „ que dans le premier elle les partagera avec les villes-mêmes qu'on fortifieroit, „ ou avec les Provinces dans lesquelles ces villes frontières seroient situées. On „ convient d'affermer de temps en temps au plus offrant, ou de faire percevoir „ par des Collecteurs certains impôts pour subvenir aux frais nécessaires à la dé„ fense commune, ou d'y employer les revenus des domaines du Roi; & ces sub„ sides pouront être augmentés ou diminués d'avis commun; mais ne serviront „ jamais à un autre usage. Les Alliés pouront placer des garnisons partout où il „ leur plaira, avec l'avis du Stadhouder de la Province où on les destine, & aux „ frais de la Généralité. Les Capitaines & les Soldats prêteront serment aux „ Provinces-Unies & à la Province & la Ville où ils seront distribués & payeront les

(*a*.) Voyez le Commentaire de M. PAULUS sur l'Union d'Utrecht, en Hollandois, 4 vol. 8vo.

„ les impôts ordinaires. Tous les habitans mâles de chaque Province depuis l'âge „ de 18 ans jusqu'à 60 seront inscrits, afin que les Etats en puissent ordonner se- „ lon que la défense du pays l'exige. On ne poura conclure ni paix, ni trève, „ entreprendre aucune guerre, lèver aucun impôt en faveur de la Généralité „ sans l'avis & le consentement unanime des Provinces; mais dans tout ce qui „ regarde la conduite de l'Union & ce qui en dépend la pluralité de voix déci- „ dera. En cas qu'on ne pût s'accorder dans les affaires qui demandent l'unani- „ mité de suffrages, les parties se soumettront à la décision des Stadhouders ac- „ tuels, assistés, s'ils ne s'accordoient pas davantage entre eux, par quelques ad- „ joints qu'ils se seront choisis. Aucun Membre de l'Union ne poura faire une al- „ liance avec des Seigneurs ou Etats voisins sans le consentement de ses Confédé- „ rés. Il faudra la volonté de tous pour admettre un nouveau Membre à la „ Ligue. Une ordonnance générale sur la monnoie est renvoyée à des temps „ futurs. A l'égard de la réligion, la Hollande & la Zélande en agiront selon leur „ gré; les autres Provinces pouront se régler sur la paix réligieuse, & publieront sur „ cet article telles ordonnances qu'elles jugeront convenables, sans que les au- „ tres Provinces puissent les inquiéter là-dessus, pourvû néanmoins que la liber- „ té de conscience ne soit pas gênée. On déclaroit pourtant qu'on n'excluroit „ pas de la Confédération des Provinces & des villes où la réligion Catholique „ seroit la seule tolerée. Des querelles survenues entre quelques Provinces se- „ ront terminées par les autres, ou (en cas que la question regarde toutes les „ Provinces généralement) par les Stadhouders. La décision se fera dans l'espa- „ ce d'un mois, & il n'y aura point d'appel de leur sentence. Les Confédérés „ pouront obliger un de leurs Membres à rendre justice aux étrangers, au cas „ qu'il restât en défaut sur ce point. Il faut le consentement de la Généralité „ pour qu'une Province puisse lèver des impôts au préjudice des autres, ni „ charger ceux-ci plus que ses propres habitans. Les Confédérés seront obligés „ de comparoître à Utrecht au jour qu'il y seront convoqués, pour délibérer sur „ les affaires exprimées dans les lettres de convocation, à moins que la chose „ n'exige le secret. Les arrêtés y seront formés à l'unanimité ou à la pluralité „ de voix. Dans des cas très-importans, & qui peuvent souffrir le délai, les „ non-comparans seront avertis de nouveau de se présenter, sous peine de perdre „ leur suffrage pour cette fois. En cas d'empêchement légitime on poura envo- „ yer son avis par écrit. Chaque Confédéré communiquera les affaires dont la „ connoissance intéresse la Généralité à ceux qui sont chargés de la convocation. „ Ce jugement commun des Confédérés, (ou la décision des Stadhouders si les „ Provinces ne pouvoient s'accorder là-dessus,) est réquis pour interpréter quel- „ que article obscur de l'Union, & leur consentement unanime pour en changer „ quelque autre. Les Provinces obligent leurs biens & les personnes de leurs „ habitans à l'observation de ce Traité, les soumettant aux tribunaux. Les Stad- „ houders, Magistrats & Bourgeois prêteront serment là-dessus, & les copies en

 „ se-

„ seront scellées par les Stadhouders, les principaux Membres, & les principales „ villes des Provinces, & signées par leurs Secrétaires."

Ce que nous venons de rapporter du contenu de l'Union d'Utrecht, nous indique assez que les Provinces qui la formèrent s'allièrent par-là aussi étroitement qu'elles le purent, sans renoncer à leur souveraineté & indépendance particulière. Elles se réserverent le maintien de tous leurs privilèges, & la disposition libre à l'égard de la réligion, outre quelques moindres prérogatives. Mais à l'égard de l'étranger, elles ne devoient plus être considérées que comme un seul Corps; & cette Confédération défensive les obligea naturellement à n'exercer dorénavant qu'ensemble plusieurs droits que jusqu'ici chacune d'elles avoit exercés dans son particulier, & à renoncer à quelques autres qui eussent été contraires à cette liaison. Tels étoient principalement tous ceux qui regardoient la guerre, la paix, les alliances, la construction des forts, la levée des impôts nécessaires à la défense commune, le pouvoir de placer des garnisons dans les Provinces & d'y lèver des troupes, (quoique encore dans le premier de ces deux cas le Stadhouder d'une telle Province devoit être consulté,) le serment des soldats, non seulement à la Province qu'on leur avoit assignée, mais aussi à la Généralité, & enfin la restriction de chaque Confédéré de ne pas pouvoir asseoir des impôts préjudiciables aux autres sans le consentement commun, & de pouvoir être forcé par eux à rendre justice aux étrangers.

Chaque Province avoit sa voix dans les délibérations de la Généralité. Les affaires importantes, comme la paix, la guerre, les alliances, les impositions, l'aggrégation de nouveaux Confédérés, & des changemens à faire à l'Union, exigeoient l'unanimité de suffrages: celles de moindre conséquence ne demandoient que la pluralité.

On prévit qu'il pouvoit naître des différends entre les Provinces, & il falloit penser à la décision de ces mésintelligences; ce qui encore ne pouvoit jamais se faire sans quelque diminution de la liberté de chacune. Trois cas sont déterminés à cet égard. Le premier ne parle que de différends entre les Membres d'une seule Province, qu'on remet à la justice ordinaire. Le second a pour objet ceux qui regardent les affaires générales & importantes de l'Union, & leur décision est confiée aux Stadhouders de ce temps-là. Le troisième traite des différends qui pouroient survenir entre les Provinces, & celles qui feroient neutres en sont nommées les arbitres.

Le Directeur Général de l'Union & les Députés qui lui étoient adjoints, convoquoient les assemblées générales; au reste cette Union n'étoit point contraire à la Pacification de Gand, excepté dans l'article de la réligion, puisque depuis le temps que ce premier traité avoit été conclu, d'autres Provinces que la Hollan-

de

de & la Zélande avoient embrassé la Réforme. Aussi déclara-t'on dans le préambule ne pas vouloir s'en départir. On pouvoit en effet être Membre de l'une & de l'autre à la fois, & nous avons dejà marqué que quand ceux d'Overyssel y accédèrent, on leur fit prêter serment aux Etats Généraux, *ou* à ceux de l'Union plus intime indifféremment. La Pacification avoit néanmoins dejà été suffisamment violée; elle ne fut guères mieux observée dans la suite, & enfin il n'en fut plus question du tout.

Quant à la souveraineté du Roi d'Espagne, quoiqu'elle n'ait été solemnellement abjurée que deux ans après, on ne la réconnoissoit dejà plus. Les Agens du Prince d'Orange, en adressant la parole aux Etats de Hollande assemblés à Gorinchem, les avoit nommés: *les Souverains immédiats après Dieu, les maîtres de faire des loix & d'élire un Chef qui gouvernât sous eux.* L'Union-même dans laquelle les Provinces, ou séparement, ou ensemble, s'arrogèrent toutes les prérogatives de la souveraineté & dans laquelle on prétendoit disposer des domaines du Roi, étoit directement contraire à l'obéissance pour *Philippe*; mais c'étoit plus une continuation de la conduite qu'on avoit tenue depuis longtemps qu'une abjuration tacite; & de même qu'on vouloit bien se désister dans la suite de plusieurs droits stipulés dans l'Union, en faveur du Roi de France ou de la Reine *Elizabeth*, on étoit maître de le faire également en faveur de *Philippe*, si jamais le desir reprenoit aux Provinces de se réconcilier avec ce Monarque.

III. D. COMPARAISON *de la nature de ces Ligues.*

Il y avoit donc beaucoup de conformité & beaucoup de différence dans la nature des Ligues Achaïque, Suisse & Belgique. Chacune d'elles étoit formée par des peuples jadis plus ou moins indépendans les uns des autres, dont la constitution varioit plus ou moins, & qui enfin en s'unissant ensemble apportèrent plus ou moins de changement dans cette constitution. Les villes du Péloponese qui, si nous en exceptons les onze anciennes villes de l'Achaïe, n'avoient eu précédemment aucune liaison commune, formoient jusqu'ici des Etats isolés dont la forme de Gouvernement, dès avant la perte de leur liberté, différoit essentiellement. La Ligue introduisit partout la forme Démocratique, & les fit renoncer non seulement à ce qui fait l'idée d'une Ligue fédérative, mais aussi au pouvoir législatif, & par conséquent à toute indépendance particulière. Les Cantons Suisses avoient au contraire été unis ensemble avant la révolution; leur constitution étoit presque la même, & en s'unissant plus solidement, ils n'y changeoient que très peu; surtout ils ne se désistoient pas de leur souveraineté respective. Dans les Pays-Bas les

les Provinces qui s'allièrent à Utrecht se trouvoient aussi dans une confédération précédente: mais la constitution de chacune différoit beaucoup. En se liant plus étroitement chacune se conservoit ses prérogatives; la nature de leur Union exigeoit pourtant qu'elles rénonçassent à plusieurs droits particuliers incompatibles avec le but qu'elles se proposoient.

La Ligue Achaïque cessoit donc de porter ce nom à l'égard de chaque peuple qui y entroit, du moment qu'il y étoit reçu. Dès lors c'étoit une République qui, non seulement envers l'étranger, mais dans son sein-même, ne formoit qu'un seul peuple composé de plusieurs villes qui, séparées auparavant, consolidées depuis, gouvernoient ensemble chacun de leurs Membres. Mais les Cantons Suisses & les Provinces Belgiques restoient intérieurement des peuples différends. La conformité de la Constitution des Cantons Suisses n'étoit qu'accidentelle & ne changeoit en rien la nature de leur Ligue; mais à l'égard de l'étranger l'une & l'autre Nation ne fit également qu'une seule République, & on n'y traitoit qu'ensemble de la paix, de la guerre, & des alliances avec les Puissances Souveraines.

Il y eut ainsi dans chaque Ligue des affaires générales qui devoient être traitées généralement. En Achaïe des Députés envoyés par chaque ville s'assemblèrent à des époques fixes, & formèrent le Conseil national. En Suisse & dans les Provinces-Unies des Députés de chaque peuple s'assemblèrent aussi, selon que les circonstances l'exigeoient; mais chez les Achéens ces Députés agissoient selon que la raison & le bien de l'Etat le leur dictoient, au lieu que ceux des Suisses & des Belges ont les mains liées par les instructions de leurs Commettans. Les villes de l'Achaïe ne s'étoient reservé que le droit d'élire leurs représentans, tandis que les peuples qui formoient les autres Ligues avoient conservé toute l'influence dans les affaires générales.

En Grèce le Conseil exerçoit chaque droit de souveraineté; les Députés Suisses & Belgiques assemblés traitoient uniquement de ce qui avoit rapport à l'étranger.

La nécessité de se défendre mutuellement ayant été la principale cause de chaque Ligue, cette défense devoit faire aussi chez les trois Nations le principal objet des délibérations communes. Chez les Achéens la paix, la guerre & les alliances y furent traitées. En Suisse on ne pensoit encore du temps du Traité de Brunnen qu'à stipuler de s'assister réciproquement, & de ne traiter qu'ensemble avec d'autres Puissances. Dans l'Union d'Utrecht on alla beaucoup plus loin, on y déféra non seulement ces droits principaux à la Généralité, mais bien d'autres encore qui en étoient en quelque façon dépendans, & qui pourtant ne laissoient pas que de donner à toutes les Provinces réunies de grandes prérogatives dans chacune: telles que la levée des impôts nécessaires à la défense commune, la construction de forts, le pouvoir d'y placer des troupes, & d'autres que nous avons détaillés plus haut.

En

En Achaïe il n'y eut que l'admiſſion de nouveaux Confédérés qui exigeât l'unanimité de ſuffrages; tout le reſte ſe décidoit à la pluralité. En Suiſſe les affaires principales ſemblent avoir été traitées de la première manière, les autres de la ſeconde; on n'en fit pourtant aucune mention expreſſe. Dans les Pays-Bas on obſerva la même diſtinction, mais on nomma dans le Traité d'Utrecht les cas différends qui demandoient l'une ou l'autre eſpèce de déciſion.

La conſtitution de la plus ancienne de ces trois République ne laiſſant pas l'indépendance à chacune des villes dont elle étoit compoſée, ne permit pas non plus qu'on fît les mêmes arrangemens que dans les deux Ligues ſuivantes pour aſſoupir les différends qui pouvoient s'élever dans leur ſein. Le Conſeil étoit ſeul Souverain & décidoit de tout. En Suiſſe on prévit deux eſpèces de diſſenſions: la première entre les Confédérés du même Canton, & l'on confia le ſoin de les appaiſer amicalement, ou par forme de droit, à des citoyens d'une ſageſſe reconnue, les autres Confédérés s'obligeant de contraindre la partie condamnée à ſe ſoumettre au jugement. La ſeconde entre deux Cantons différends, & alors le troiſième pouvoit décider la querelle & ſe joindre à la partie offenſée ſi l'autre réfuſoit d'agréer ſa déciſion. Chez les peuples Belgiques nous avons examiné les trois cas poſſibles de méſintelligence, dont le rédreſſement eſt conféré ſoit à la juſtice ordinaire dans chaque Province, ſoit aux Stadhouders de ce temps-là, ſoit aux Provinces neutres.

Quant à la direction générale & au pouvoir exécutif, nous n'en voyons aucune trace dans le Traité de Brunnen; il n'en eſt pas moins probable cependant que les trois libérateurs de la patrie & premiers auteurs de la Ligue auront conſervé longtemps une grande autorité dans la direction des affaires. En Achaïe on établit deux Généraux, & enſuite un ſeul accompagné de dix aſſeſſeurs qui bornoient ſon autorité. Ce petit Conſeil étoit à la tête du Conſeil national, & conduiſoit ſes délibérations. L'Union d'Utrecht ne fit mention d'aucun pouvoir que de celui qui étoit confié à toutes les Provinces enſemble: mais bientôt *Guillaume* réuſſit à ſe faire nommer Directeur-Général de cette Union, & à en faire conférer la Lieutenance à ſon frère, aſſiſté de deux aſſeſſeurs. Auſſi ſentit-on qu'une Ligue compoſée de tant de Provinces dont chacune avoit des intérêts différends, demandoit un lien capable de tenir unies des pièces auſſi détachées, & de les reſſerrer de plus en plus. L'autorité de telles perſonnes ne put auſſi qu'être conſidérable dans ces temps orageux.

Enfin en Achaïe la Confédération ne ſe forma qu'après l'expulſion des tyrans, & la conſtitution étant Démocratique on ſe garda bien de ſe donner un maître; & quand même quelques villes en auroient eu la volonté, le pouvoir leur en étoit ôté du moment qu'elles entroient dans la Ligue. Les Suiſſes continuèrent de réconnoitre la ſouveraineté de l'Empereur, mais ils ſe promirent au reſte très ſolemnellement de n'obéir à aucune loi étrangère, & bien moins de mettre quelque Prince

Prince à leur tête sans un consentement unanime; s'étant toujours gouvernés par des représentans choisis par eux-mêmes, c'eut été changer totalement leur forme de Gouvernement. Dans les Pays-Bas c'étoit autre chose: *Philippe* n'y règnoit plus, mais quelques Provinces avoient un Souverain pour un temps, & toutes ne pensoient qu'à l'occasion favorable de s'en donner un tel, duquel on eût lieu de se flatter qu'il ménageroit plus leurs libertés & leurs droits que le tyran Espagnol qu'on venoit d'abandonner.

Après avoir développé au long les causes qui firent naître les trois Ligues, nous aurons peu de peine à saisir l'objet qu'on eut en vue en les formant; la seule chose qu'il nous reste encore à examiner.

IV. A. OBJET *de la Ligue Achaïque.*

Avant que la Ligue Achéenne s'étendît hors des limites de l'ancienne Achaïe, l'objet des villes étoit simplement de se délivrer de leurs tyrans & des troupes Macédoniennes, & de rentrer dans leur ancien état de liberté. Le caractère personnel d'*Aratus*, & les torts qu'il avoit éprouvés dans sa jeunesse du Despote de Sicyon, donnerent une idée beaucoup plus vaste aux Membres de cette association. On goûta son plan qui étoit, ainsi que nous l'avons deja fait entrevoir, *de chasser les Macédoniens hors du Péloponese, d'abolir les tyrannies, & de rétablir chacun dans la liberté commune dont ses pères avoient joui.* Ce sont les termes dont *Polybe* se sert (*a*), en y ajoutant que ce généreux citoyen ne commit aucune action qui ne fût dirigée vers cet objet. Aussi *Plutarque* en traçant les faits d'*Aratus* assure, *qu'il n'y eut rien qu'il préférât à l'accroissement de la République, & que selon son opinion chaque ville étoit trop faible pour résister à ceux qui tâchoient de démembrer les sociétés; qu'au contraire liées ensemble par la chaîne du bien public, elles se conservoient les unes les autres & qu'elles prenoient des forces, lorsque faisant partie d'un grand corps, la prévoyance & la sagesse commune se faisoient sentir à elles.*

Or pour atteindre ce but d'engager beaucoup de villes à entrer dans la Ligue, il falloit mettre exactement en œuvre les moyens dont on se servit. Il falloit pouvoir leur procurer un état beaucoup plus heureux que celui sous lequel elles gémissoient; il falloit écarter ensuite tout ce qui pouvoit donner de l'ombrage aux Membres de la Ligue ou exciter de la jalousie entre celles qui ne s'y étoient jointes que tard, & celles qui en avoient fait partie dès le commencement. Entendons

(*a*) *Loc. cit.*

dons encore *Polybe*, cet Historien Philosophe: *Plusieurs peuples du Péloponese se soumirent volontairement à cette forme d'administration; on réussit à y en amener d'autres par des raisonnemens propres à les convaincre; on dut même y contraindre quelques-uns par la force: mais ceux-ci furent bientôt charmés de l'état qu'ils avoient embrassé malgré eux, puisque ceux qui avoient posé les fondemens de l'Union ne se réservoient aucun droit, mais que chacun, du moment qu'il en étoit reconnu membre, jouissoit de toutes les prérogatives des autres. Aussi cette République, en se servant de deux moyens du plus grand effet, l'égalité & la bienveillance, parvint à l'objet de ses desirs...*

On sent combien cette égalité étoit propre à empêcher la division & la discorde de percer dans cet Etat. Il nous seroit aisé de faire voir également combien chaque particularité de la constitution Achéenne pouvoit y contribuer. Contentons-nous de dire que les citoyens des villes jouissoient d'assez de droits pour qu'ils vécussent contens & heureux sous cette forme de Gouvernement; & qu'au contraire l'exercice de ceux qui auroient pu nuire au grand but d'étendre l'union & l'empire de la liberté dans la Grèce leur fut ôté, & confié au Conseil général: puisque du moment qu'on leur permit de se mêler dans les affaires étrangères, la lenteur, l'intrigue, les querelles alloient s'introduire dans la République; l'égalité, principe fondamental, ne pouvoit pas admettre non plus que chaque ville conservât le pouvoir législatif. Dans le Conseil national, les mêmes droits étoient encore communs à tous les Membres. Le Général y faisoit les fonctions de Président; mais afin que les prérogatives attachées à cette charge ne lui donnassent point trop de pouvoir, surtout dans les affaires étrangères où les vues de la République étoient constamment dirigées, un Conseil de dix Co-régens lui fut adjoint, sans le consentement desquels, ou du moins de la pluralité d'entre eux, il ne pouvoit rien entreprendre. La réponse qu'*Aratus* donna un jour à une proposition qu'on lui avoit faite, prouve assez qu'avec tout le crédit qu'il avoit obtenu, son autorité étoit encore loin d'être arbitraire: *Je ne suis pas le maître des affaires publiques, elles sont plutôt les miens* (a). Pendant la guerre pourtant le pouvoir du Général devoit être plus étendu. L'égalité y auroit été aussi opposée au but de l'association que l'inégalité l'étoit en temps de paix.

On s'étonnera peut-être pourquoi l'unanimité de tous les Députés au Grand-Conseil étoit requise pour l'agrégation d'un nouveau Membre, puisqu'une seule voix pouvoit arrêter par-là l'accroissement de la République: cependant cette loi étoit aussi sage que juste. Il n'étoit pas indifférend pour chaque ville avec qui elle entrât en alliance, & des dissensions intérieures & mal assoupies entre deux Confédérés pouvoient interrompre l'état salutaire d'union & de concorde. D'ailleurs

(a) PLUTARQUE *Loc. cit.*

leurs il n'étoit pas probable qu'une ville réfusât, sans les raisons les plus convaincantes, de s'associer à une nouvelle alliée.

Rapportons encore un seul trait pour faire voir comment tout devoit céder chez les Achéens, & principalement chez *Aratus* leur Chef, à cet esprit de liberté & à cette haine de la tyrannie, qui faisoient le principe de leurs actions. Sicyon, la patrie du Général, étoit célèbre par l'art de la peinture qui y avoit atteint un grand dégré de perfection. *Apelles*, deja estimé, y séjourna quelque temps pour profiter des talens de *Pamphilus* & de *Melanthus*, deux peintres de la plus haute réputation. Ces Artistes avoient fait des portraits admirables des tyrans qui y avoient successivement règné; celui d'*Aristratus*, placé à coté d'un char de triomphe surpassoit les autres: *Apelles* lui-même y avoit mis la main. *Neacles* ami d'*Aratus* prie ce sévère Républicain les larmes aux yeux d'épargner un tableau aussi précieux, mais il ne put lui arracher d'autre permission que celle de laisser le char de triomphe en effaçant le tyran (*a*).

IV. B. OBJET *de la Ligue Suisse.*

L'objet que les Suisses eurent en vue quand ils commencerent à conspirer, étoit d'empêcher l'Empereur *Albert* de les gouverner en sujets Autrichiens, de se délivrer de l'oppression des Officiers de ce Monarque, & de récouvrer en leur pouvoir les châteaux qui leur avoient été enlevés. Ayant obtenu ce but, leur Union pendant dix ans tendoit à se défendre mutuellement contre la vengeance de l'Empereur, qu'ils rédoutoient. Enfin la victoire de Morgarten, quelque glorieuse qu'elle fût, & quelque pouvoir qu'elle eût de fortifier leur courage & leurs espérances, ne laissa pourtant pas de leur faire craindre des dangers futurs, & le Traité de Brunnen fut conclu peu après, afin de les unir à jamais intimément, & de s'assurer le secours réciproque contre toute invasion étrangère quelconque. *Prévoyant* (c'est ainsi que commence cet accord) *des temps plus durs & plus redoutables, & voulant nous en garantir, afin de jouir plus aisément de la paix & du répos, & afin de conserver & de défendre nos personnes & nos biens, nous nous promettons &c.*

Tous les autres articles du Traité tendent à cette fin. Les premiers en parlent directement. Celui qui défend de se donner à un maître, ou de tenir des conférences avec des étrangers étoit nécessaire pour écarter toute espèce de division, & pour ne pas diminuer en eux le désir d'un secours mutuel; outre que la

(*a*) PLUTARQUE *ibid.*

la liberté des uns se trouvoit dans un danger éminent, dès que les autres avoient perdu la leur. N'ayant point de Chef illustre de leur Ligue, il falloit bien pour rester unis remettre la décision des querelles qui pouroient naître entre deux Cantons au troisième. Enfin on tâche de prévenir par les derniers articles tout sujet de mécontentement d'un Canton envers l'autre. Et ce qu'on stipula encore dans ce Traité, de ne reconnoître aucun juge étranger ou vénal, étoit pour prévenir une seconde fois les malheurs qu'on venoit d'essuyer.

IV. C. OBJET *de la Ligue Belgique.*

Quant à l'objet de l'Union d'Utrecht, on peut dire en général que les Provinces eurent simplement en vue de former une alliance défensive plus étroite & plus particulière que celle de Gand n'avoit été, depuis qu'on eût vu que celle-ci ne subsisteroit pas, & depuis que les Espagnols avec Don *Juan* d'Autriche & leurs autres Chefs avoient traité de diviser les Pays-Bas, de s'en rendre les maîtres, & de les ruiner. C'est en partie aussi la façon dont les Confédérés s'expriment dans le préambule du Traité. Plus haut nous avons prouvé l'intérêt que les diverses Provinces eurent en le formant, & que la Hollande surtout y gagnoit une plus grande sureté pour ses frontières. Cet intérêt devoit naturellement se présenter à leurs idées, & faire le but qu'elles se proposoient. Nous ne répéterons pas ce qui en a été dit: occupons-nous plutôt à observer comment les principaux articles de l'Union répondoient à ce but.

S'il tendoit à unir intimément plusieurs Provinces, afin d'être mieux à l'abri des armes & des intrigues Espagnoles, il falloit stipuler tout ce qui pouvoit établir & cimenter cette harmonie, & penser à tout ce qui pouvoit rendre la sureté générale plus grande. Le premier de ces deux points demandoit qu'on tachât d'appaiser les querelles à naître entre des Provinces, chacune indépendante & égale aux autres. Aussi y pourvût-on en trois articles, & nomma-t'on les médiateurs pour les appaiser & les juges pour les décider. Dans la même vue les Provinces s'obligèrent aussi de ne point lèver des impôts à leur préjudice mutuel, & de ne charger aucun des Confédérés plus que ses propres habitans. Les délibérations communes & plusieurs ménagemens dont on convint d'user envers les non-comparans tendoient à la même fin.

En laissant les Provinces maîtresses chez elles dans tout ce qui n'étoit pas contraire à la nature de leur Union, & surtout en remettant le point délicat de la religion,

ligion, la première cause des troubles, entre les mains de chacune, on écartoit plusieurs sujets de mécontentement, & on rendoit ces Etats plus disposés à abandonner en faveur de l'Union quelques autres droits de souveraineté moins essentiels.

Mais le plus grand nombre d'articles du Traité tendoient à la sureté commune, puisqu'on étoit persuadé que ne formant qu'un seul corps, on en seroit mieux en état de résister à l'ennemi ; aussi l'état de ces Provinces n'eut été guères changé, à moins que les dispositions du militaire, de la paix, des subsides, autant qu'on s'en servoit pour la défense générale, n'eussent été confiées à la totalité. Il falloit même que dans ces grands objets l'unanimité de suffrages fût établie, sans quoi des Provinces pouvoient être entrainées malgré elles dans une guerre ruineuse sans y avoir donné la moindre occasion, ni sans y entrevoir le moindre avantage; ou bien quelques unes qui perdroient le plus à une paix avec l'Espagne pouroient y être contraintes par d'autres plus disposées à rentrer dans les anciens fers, ou séduites par l'ennemi; ou enfin un des Membres de l'Union pouvoit être obligé par ses associés à des subsides qui surpassoient ses facultés. L'Unanimité n'en étoit pas moins nécessaire pour agréer de nouveaux Confédérés; on ne pouvoit certainement être contraint de s'allier qu'avec ceux pour lesquels on n'éprouvoit pas de répugnance: & dans des temps aussi critiques la circonspection la plus scrupuleuse n'étoit pas inutile sur cet article.

Le droit de faire des alliances avec des Puissances étrangères ne pouvoit plus appartenir à une seule Province, mais devoit dorénavant faire partie des prérogatives de la Généralité. Le contraire eut été mettre en main à un Membre de la Ligue le droit de se choisir des alliés non seulement entre les ennemis décidés de la République, ce qui auroit été faire une paix particulière, mais aussi entre ses ennemis cachés, à qui ce traité-même donnoit souvent l'occasion ou le prétexte de déclarer la guerre à l'Etat. La crainte de ces différends avec des voisins inquiets avoit aussi fait naître l'article dans lequel on s'engageoit à s'obliger réciproquement à rendre aussi bien justice aux sujets d'une Puissance étrangère qu'aux citoyens des Provinces.

Au reste il est facile de prouver que les Confédérés n'ont pas eu dans ce temps-là le dessein de former une République telle qu'elle l'est devenue dans la suite. Le Prince d'Orange étoit le Souverain de deux Provinces considérables pendant la guerre. Après l'abjuration de *Philippe*, on conféra le pouvoir suprême des Pays-Bas au Duc d'*Anjou;* peu après la souveraineté de la Hollande & de la Zélande à *Guillaume*, & enfin après la mort funeste de ce Prince, un concours de circonstances a seul empêché que l'Angleterre ou la France ne soit devenue & restée maîtresse des Pays-Bas.

S'Unir étroitement pour mieux résister à l'Espagne, & suppléer par un gouvernement commun & général à la foiblesse & à l'anarchie de chaque Etat, étoit tout ce à quoi les Provinces s'attachèrent en formant l'Union d'Utrecht.

IV. D. COMPARAISON *de l'Objet de ces Ligues.*

Le grand objet des peuples qui conclurent les différentes ligues étoit donc de s'opposer, par une défense mutuelle, à tout attentat contre leur liberté & leurs droits. Cet objet ne laissoit pourtant pas d'avoir plusieurs modifications variées. Dans les Provinces Belgiques le but n'étoit qu'un, du moment qu'on pensa à un lien plus étroit que la Pacification de Gand, jusqu'à la conclusion de l'Union d'Utrecht. En Achaïe le but des dix ou onze villes différa beaucoup de celui qu'*Aratus* fit gouter aux peuples du Péloponese, quand il eut fait entrer Sicyon dans la Ligue. En Suisse, il y eut trois époques de confédération, l'une avant, l'autre après la surprise des châteaux Autrichiens, & la troisième du temps du Traité de Brunnen. Chacune exigeoit naturellement quelque différence de but, quoiqu'elle se ressemblassent infiniment quant au point principal.

En Achaïe le grand objet étoit accompagné de plusieurs vues secondaires; on ne se contentoit pas de s'unir pour mieux défendre ses prérogatives, mais on vouloit joindre à cette Ligue autant d'alliées qu'il fût possible, non seulement pour la rendre plus formidable, mais aussi par amour de la liberté, qu'on nourissoit & qu'on vouloir voir établie partout, ainsi que par une aversion de la tyrannie qu'une fatale expérience ne leur avoit que trop fait connoitre. En Suisse la défense commune contre *Albert* & tous ceux qui à son exemple commettroient le moindre attentat à leurs droits étoit la seule chose à la quelle on visoit. Dans les Provinces Belgiques cette même défense lia les Membres de l'Union, mais il s'y mêla un dessein d'y établir une forme de Gouvernement reglée, générale & beaucoup plus détaillée qu'on ne pouvoit en convenir en formant l'association.

Chaque peuple enfin employa les moyens les plus propres pour parvenir à son but particulier, & tels que les circonstances & ses rélations l'exigeoient. Nous avons spécifié ces moyens, & en avons prouvé la sagesse: il seroit inutile ici d'en rien répéter.

Mais il est temps de terminer ce discours, dejà peut-être trop prolixe. J'ai cru ne pas manquer les vues de l'Académie en entrant dans plusieurs particularités qui m'ont paru donner un plus grand jour à la matière, & j'ai tâché de répondre à chaque partie de la question proposée, persuadé que je ne pouvois sui-

 vre

vre un meilleur plan, & que la moindre omission de ma part auroit laissé un vuide sensible. Les trois Ligues les plus remarquables que l'Histoire nous ait fait connoître jusqu'ici, dont deux même subsistent encore, ont été exposées & comparées, sinon avec profondeur de réflexion & avec la verve du génie, du moins avec toute la conviction possible de vérité. Une quatrième Ligue, plus étonnante à bien des égards que celles qui l'ont précédée, s'est formée de nos jours. Il appartiendra à des observateurs futurs de l'examiner, & de prononcer sur son excellence ou son infériorité rélative envers les associations détaillées.

VIS UNITA FORTIOR.

www.ingramcontent.com/pod-product-compliance
Ingram Content Group UK Ltd.
Pitfield, Milton Keynes, MK11 3LW, UK
UKHW020358220726
13923UKWH00004B/1656